일본의 퀀텀점프 이야기

메이지유신

일본의 퀀텀점프 이야기

메이지유신

박경민

· 일러두기 ·

- 날짜는 일본의 태양력 적용 시기를 감안하여 1873년 1월 1일 이후는 양력으로, 그 전의 시기는 음력으로 표기했다.

- 이름과 성을 자주 바꾸는 일본인의 특성을 고려해 일본인 인명은 널리 알려진 최종 성명을 사용했다.

· 표지 문양(가문) 설명

 - 제목 위: 황실(천황가) 가문
 - 제목 아래 좌상단: 모리(조슈번) 가문
 - 제목 아래 하단: 시마즈(사쓰마번) 가문
 - 제목 아래 우측: 야마우치(도사번) 가문
 - 제목 아래 좌측: 나베시마(히젠번) 가문

책을 내면서

'국가의 흥망성쇠',
역사를 관통하는 이 비밀을 파헤치기에 한일 근대사만큼 우리에게 가깝고 손쉬운 교재는 없다. 감정적으로 접근만 하지 않는다면.

평소 한일 근대사와 관련한 공부를 하면서 일본의 메이지유신에 관해 일반인들이 쉽게 접근할 수 있는 책이 없다는 생각을 하고 있었다. 학술서 또는 특정 분야를 깊이 파헤친 전문서는 제법 있지만 일반인들에게는 가독성이 떨어지는 게 사실이다.

금년 6월까지 수산그룹 정석현 회장님을 모시고 그룹 임직원들과 십여 차례 메이지유신 역사기행을 하고 나서 일반인들을 위한 대중서를 써야겠다고 다짐했다. 역사기행 참가자들이 사전에 졸저 〈한일 근대인물 기행〉을 읽고 왔음에도 불구하고 메이지유신과 관련된 지식이 많이 부족함을 느꼈기 때문이다.

수년 전 발간한 〈한일 근대인물 기행〉이라는 한 권의 책에 한국과 일본의 근대사를 같이 넣다 보니 아무래도 메이지유신의 진면목을 독자들에게 보여주지 못한 아쉬움이 있었는데, 역사기행을 같이한 독자들로부터 졸저의 부족함을 확인한 셈이 되었다.

이번에 막상 대중서를 표방한 메이지유신 개설서를 쓰다 보니 몇 가지 문제에 봉착하게 되었다.

　첫째는 재미있는 대중서를 목표로 하는 것에 따른 어려움이다. 특히 한국인들이 기억하기 힘들어하는 일본인의 이름을 최소화하니 스토리 전개가 두루뭉술해지는 문제가 생겼다. 고민 끝에 한 번만 나오는 사람(천황, 쇼군 포함)의 이름은 빼고, 2~3회 이상 나오는 경우에만 이름을 넣었다. 이러한 저자의 노력에도 불구하고 일본인 이름이 많이 나온다고 불평할 수도 있다. 그러나 이들의 이름을 일일이 기억하는 노력보다는 당시 일본은 세상을 바꾸기 위해 얼마나 많은 인재들이 출현해 활약했는지, 조선은 왜 그렇게 하지 못했는지를 깨달아 올바른 역사 인식을 하는 계기가 되었으면 한다.

　둘째는 출처나 원전 표기 문제다. 필자는 각주 표기를 하고 싶은데 각주의 존재만으로 전문서(또는 학술서) 인상을 주는 탓에 이를 생략하고 최소의 필요한 곳에만 출처를 본문에 넣는 방법을 사용했다.

　끝으로 졸저 〈한일 근대인물 기행〉, 〈일본의 근대사 왜곡은 언제 시작되는가〉에서 이미 다룬 내용들에 관한 문제다. 맥락을 이해하려면 꼭 필요하지만 졸저에서 다룬 내용을 이 책에 그대로 담는 것은 독자들에 대한 예의가 아니다. 그렇다고 완전히 빼버리면 이야기가 연결이 안 되고…, 고민 끝에 내용을 압축 최소화한 후 '자세한 내용은 졸저 참조'라는 방식을 사용했다.

이렇게 책을 쓰다 보니 당초 목표했던 '약간의 깊이를 갖춘 대중서'가 되었다고 자평해 본다. 그러나 집필 초기 의도했던 수산그룹 정 회장님과의 공동저술이 사정상 이루어지지 않아 그분의 지혜와 경륜이 담긴 수준 높은 코멘트를 책에 담지 못한 점은 큰 아쉬움으로 남는다. 그럼에도 불구하고 "메이지유신을 알려면 이 책만 읽으면 된다"라는 평가를 목표로 책을 만들었다. 재미있다거나 유익했다는 독자들의 평이 나온다면 저자로서는 더 이상 바랄 것이 없다.

책이 나오기까지 많은 도움을 받았다. 우선 메이지유신의 현장감을 느끼고 유적지에서 강의와 수준 높은 담론의 기회를 주신 수산그룹 정 회장님께 깊은 감사를 드린다. 글 쓰는 계기를 만들어 준 전 서울경제신문 이종환 부회장, 작가의 길로 인도해 준 최창렬 교수와 윤학 변호사에게 감사드린다. 메이지유신 역사기행 자문위원(손재영 교수, 정제창 교수, 김종철 사장, 강석진 논설위원, 강문석 부사장, 유재원 교수), 네츠고여행 전영길 사장과 길동무 이동민 부장, 류은주 부장에게 감사드린다. 평소 정신적 자양분을 아낌없이 나눠주는 북마실 회원들, 늘 성원을 아끼지 않는 김학연 사장, 신장섭 사장, 김승재 사장, 김재국 사장, 김흥수 사장, 김경태 변호사, 박치석 사장님께, 그리고 교정에 참여한 이호성에게 특별한 고마움을 전한다.

               세 살 서연의 재롱을 보며 행복한 2025년 여름 박경민

책을 내면서 _ 6

서 장

1. 사무라이 시대의 종언 … 16
2. 세키가하라 전투와 에도막부의 설립 … 22
3. 에도막부의 통치 체제 … 34
4. 대외정책과 천주교 탄압 … 37
5. 상공업의 발달과 상인의 보호 … 41
6. 종교, 사상과 학문 … 44

1장
페리 함대가 만든 소용돌이

1. 페리 내항과 개항 … 58
2. 안세이 개혁 … 64
3. 긁어 부스럼 된 통상조약 칙허 문제 … 67
4. 이이 나오스케와 통상조약 … 71
5. 안세이 대옥과 사쿠라다문 밖의 변 … 76

· 차 례 ·

2장
흔들리는 막부와 막부 개혁

1. 막부 개혁의 방법론 … 82
2. 솔병상경과 분큐 개혁 … 97
3. 양이의 실행과 대반전 … 109
4. 서구 따라잡기 경쟁 … 118

3장
웅번의 경쟁과 연합

1. 조슈번의 고난과 기사회생 … 134
2. 삿초동맹과 제2차 조슈 정벌 … 146
3. 사후(四候) 회의와 대정봉환 … 157

4장 메이지 유신

1. 왕정복고 쿠데타 … 166
2. 5개조 서문 … 174
3. 정치 체제의 대변혁 … 177
4. 제정일치와 국가신도화 … 186
5. 이와쿠라 사절단 … 188
6. 학제·징병제와 태양력 실시 … 192
7. 지조개정과 질록처분 … 195
8. 식산흥업 … 202
9. 서구문물의 도입과 계몽사상의 확산 … 218
10. 이웃 국가와의 수교 및 정한론 파동 … 221

5장 메이지유신에 대한 반동

1. 보신전쟁 … 227
2. 평민들의 저항 … 235
3. 사족들의 테러와 반란 … 237
4. 세이난 전쟁 … 239
5. 자유민권운동 … 246

6장
메이지 정부의 발전

1. 자유민권운동의 발전   252
2. 헌법 준비와 내각제 창설   256
3. 헌법 제정   260
4. 국회 개원   264
5. 불평등조약 개정   267
6. 교육제도와 징병제의 정착   271

후기 _ 274

연표 _ 280

참고 문헌 _ 284

인명 찾아보기 _ 286

서장

1. 사무라이 시대의 종언

일본의 헤이안 시대(794~1185) 중반, 고위 귀족의 보디가드로 처음 교토에 나타난 사무라이(이 책에서는 '무사'와 동의어로 사용한다).

모실 '시(侍)' 자를 사무라이라고 읽는 어원을 보더라도, 또 이들의 근거지가 시골 지방이라는 점에서 이후 오랫동안 이들이 중앙 정치에 영향을 미칠 것이라 예상한 사람은 아무도 없었다. 심지어 본인들조차도….

세월이 흐르면서 호위에 충실하던 사무라이들을 정계로 이끈 사람은 바로 천황과 상황(직전 천황) 등 당대 최고의 권력자들이었다. 이들은 정적을 제거해 권력을 확고하게 굳히거나 또는 잃었던 권력을 탈환하는 과정에서 사무라이들을 번번이 하수인으로 활용했다.

권력의 향배에 자신들의 힘이 결정적으로 작용하는 것을 직접 눈으로 본 사무라이들은 점차 중앙 정계에서 입김을 키우다가 결국 사무라이 정권을 탄생시킨다.

첫 번째 탄생한 사무라이 정권인 가마쿠라막부 시대(1185~1333)는 창설자의 근거지 가마쿠라에 막부를 두고 쇼군이 통치를 맡았지만, 교토의 세력(천황 및 상황, 공경 등)은 여전히 만만치 않았다.

막부 입장에서 근거지가 있는 혼슈(일본 본토) 동부지역의 장악은 쉬웠던 반면, 서부지역은 막부 출범 후에도 교토 조정의 영향력이 더 컸던 지역적 한계가 있었다. 무엇보다도 새로 창설된 막부에 대한 전국적 권위가 약했기 때문에 이 시대는 막부가 교토의 조정과 정치를 분점한 공동정치의 시대라고 표현하는 것이 실상에 가깝다.

이후 이 시대에 벌어진 중요한 정치적 사건들은 이 두 세력 간의 갈등 및 충돌과 관련되어 벌어진 일들이다(조큐의 난 1221, 막부 멸망 1333, 겐무 신정 1333~1335 등).

두 번째 탄생한 무로마치막부 시대(1336~1573)는 탄생 과정의 정통성 결여와 함께 천황이 동시에 두 명이 존재하는 초기 약 60년간의 남북조 시대와 하극상이 난무하는 약 100년에 걸친 센코쿠 시대(1467~1573)가 통치 기간의 대부분을 차지하고 있어서 막부는 존재했지만 매우 혼란한 시대였다.

심지어 주고쿠 지방의 대영주였던 오우치 가문은 쇼군과 전쟁을 벌이기도 하고(오에이의 난 1399), 센코쿠 시대 특징상 이웃 영지를 무력으로 침탈하는 게 일상이었던 시기였기에 사무라이들 간에도 많은 갈등과 전투가 벌어졌다.

도쿠가와 이에야스에 의해 창설된 세 번째 막부가 에도막부(1603~1867)다. 앞선 두 차례의 막부가 혼란스러웠던 데 비해 에도막부는 매우 안정된 상태에서 오랜 기간 번영을 누렸다.

어떻게 이런 일이 가능했을까?

이에야스는 어떻게 하면 자신이 세운 막부가 자신의 사후에도 평화롭고 안정적으로 오랫동안 유지될 수 있을까에 많은 신경을 쓴 인물이다. 그는 막부 창설 후 2년 만에 쇼군직을 아들에게 물려주었다. 2대 쇼군 히데타다에게는 일상적 업무를 수행토록 하고, 자신은 오고쇼라는 직책으로 일선에서 은퇴하는 형식을 취해 슨푸성에서 생활했다.

그러나 쇼군이 중요한 업무에 관하여는 그의 허락을 받는 등 여전한 실권자였으며 특히 외교와 국방 업무, 그리고 막부체제의 연속성 확보라는 과제는 그만이 전념하는 분야였다.

종전에 만났던 사람이 주로 무장들이었다면 슨푸성에서는 저명한 학자, 승려와 신관, 외국인들을 만나 자문을 얻으면서 새 막부의 백년지계를 하나씩 만들어 갔다.

도쿠가와 이에야스의 장기적 안목
- 거성의 이전 제안이 있었음에도 불구하고 에도(현 도쿄)를 향후 무한 확장이 가능하도록 도시계획을 하였다.
- 종전의 역사를 되풀이하지 않기 위해 천황과 공경의 직무와

행동을 규제하는 금중병공가제법도(약칭 '공가제법도')를 제정해 교토 조정을 막부의 완전한 통제하에 넣었다.
- 다이묘(지방 영주) 가문이 해야 할 일을 규정한 무가제법도를 제정해 시행함으로써 사무라이들의 막부에 대한 반역 도모를 원천적으로 차단했다.
- 학자들과의 오랜 논의 결과 충효를 가장 중요한 덕목으로 하는 성리학을 막부의 기본학문으로 삼았다.
- 오다 노부나가와 도요토미 히데요시의 통일 전쟁에 오랫동안 큰 애를 먹인 불교 종단을 막부의 철저한 관리하에 두었다.

이렇게 창업주에 의해 만들어진 에도막부의 기본 틀은 대를 이어 보완되면서 에도막부는 완벽한 체제 아래 안정된 평화 시대 260여 년을 이어간다. 그러나 아무리 잘 설계된 체제라고 하더라도 수백 년 세월이 흐르고 시대가 바뀌면 현실에 맞지 않게 되는 법이다.

에도막부 말기는 완벽하다던 에도막부의 불합리성과 여러 모순이 터져 나오는 시기다. 페리 내항의 충격은 이런 불합리성과 모순을 증폭 확산시켰다. 메이지유신 주도세력인 하급 사무라이들과 개혁파 다이묘들은 에도막부 체제의 허점을 파고들면서 자신들의 주장과 입지를 강화해 나가는 기회로 삼았고 결국 이를 통해 막부를 무너뜨리고(토막) 메이지유신을 성공시킨다.

따라서 메이지유신의 성공 요인과 전모를 제대로 파악하기 위해서는 그 전 시대인 에도막부를 잘 이해하는 것이 중요하다. 에도막부는 어떻게 탄생했고, 그 통치체제와 정책의 특성은 무엇인지, 나아가 지배층인 사무라이들은 당시 무슨 생각을 하며 살아갔는지…, 메이지유신을 잘 이해하기 위해 딱 필요한 정도로만 에도막부를 살펴보자.

| 에도막부 시대(1660년경) 일본 지도

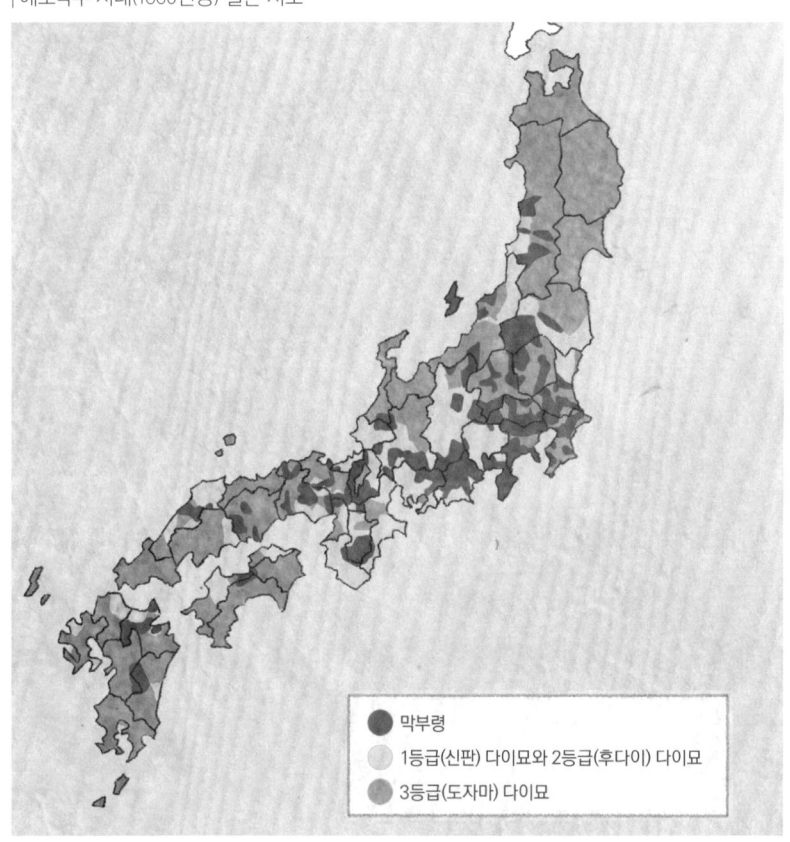

| 현재 일본 지도

서장

2. 세키가하라 전투와 에도막부의 설립

1) 배경

일본을 통일한 도요토미 히데요시가 조선과의 전쟁 중 병사했다(1598). 생전의 히데요시는 57세 때(1593) 뒤늦게 본 아들 히데요리를 애지중지했다. 병으로 몸져눕자 어린 아들을 잘 보좌해 달라는 뜻에서 주요 무장 5대로에게 혈서로 쓴 충성 서약문을 받았다.

> **5대로(고다이로)와 5봉행(고부교)**
>
> 5대로는 도요토미 히데요시 정권 말기 도요토미 가문의 가로 자격으로 정무에 참가하였던 5명의 다이묘(영주), 즉 도쿠가와 이에야스, 마에다 도시이에, 우키다 히데이에, 모리 데루모토, 고바야카와 다카카게를 말한다. 왕의 임종 시 세자를 부탁하는 조선의 고명대신에 해당한다고 볼 수 있다.
>
> 5봉행은 히데요시의 사망 무렵 고위 행정참모 5인을 말한다. 이시다 미쓰나리 등 모두 히데요시의 심복들이었다.

히데요시가 죽자 히데요리가 도요토미 가문을 승계하여 오사카성을 기반으로 전국을 통치했다. 그러나 도요토미 가문 내에서는 점차 대망을 품고 세력을 확장하는 도쿠가와 이에야스파(무단파)와 이를 견제하는 반 이에야스파(관료파) 사이에 알력이 심화되고 있었다.

5대로의 일원인 이에야스는 도요토미 치세하에서 금지된 다이묘 간의 결혼 등을 통해 영향력을 확대하고 있었고, 5봉행의 수뇌이자 히데요시의 심복이었던 이시다 미쓰나리는 이에야스가 역모의 흑심을 품고 있다면서 반 이에야스파의 핵심이 되었다.

문제는 도요토미 가문에 충성하며 생전의 히데요시에게 총애를 받았던 여러 무장들이 점차 이에야스 측에 가담하는 데 있었다. 이시다 미쓰나리는 장수들과 사이가 매우 좋지 않았다. 무단파와 관료파의 알력을 그나마 제어했던 것은 5대로의 일원이었던 마에다 도시이에로 그는 이에야스 측의 금도를 벗어난 행동에 대해 간혹 경고와 제동을 걸기도 했다.

> **이시다 미쓰나리**
>
> 이시다 미쓰나리(1560~1600)는 차 접대에서 뛰어난 솜씨로 히데요시에게 발탁된 후 남다른 행정처리 능력을 보여 히데요시의 심복이 되었다. 임진왜란 중 미쓰나리가 군 감찰로 조선에 파견되어 전황 보고 외에도 무장들의 비위 사실을 히데요시에게 보고해 총애를 받았으나 그 때문에 무장들과는 사이가 매우 안 좋았다. 임진왜란의 제2 선봉장으로서 용맹함으로 히데요시의 칭찬을 받던 가토 기요마사마저도 미쓰나리의 비위 보고에 의해 즉시 일본으로 소환당해 징계를 받았다.

마에다 도시이에가 1599년 봄 사망하자 양측의 감정은 폭발했다.

가토 기요마사 등 무단파 장수 7인이 관료파 우두머리 이시다 미쓰나리를 살해하기 위해 습격했다. 죽음을 무릅쓰고 탈출한 미쓰나리는 무단파에 절대적 영향력을 가진 이에야스를 찾아갔다. 살려달라고 애원하는 미쓰나리와 그를 살해하려는 무단파 장수들 사이에서 이에야스는 미쓰나리의 봉행직 사임을 조건으로 책임을 더 이상 묻지 않는 절충으로 양측을 중재했다.

미쓰나리가 실각하자 이에야스 측의 대항 세력은 사라졌고, 이에야스는 오사카성으로 들어가 도요토미 가문의 정무를 맡아 지휘하고 있었다.

2) 세키가하라 전투

1600년 아이즈(현 후쿠시마현 서부)의 우에스기 가게카쓰가 성을 축성했다는 보고를 받은 이에야스는 교토로 올라와 해명하라고 경고했다. 당시는 물론 에도막부 시대까지 성은 군사적 요새를 의미하였기에 축성하는 것은 군비 증강에 해당되어 모반의 혐의를 받았다.

그러나 우에스기의 가로의 해명서가 매우 도발적이어서 오히려 이에야스를 총대장으로 하여 다이묘가 다수 참가한 도요토미군의 아이즈 정벌이 개시되었다.

이때야말로 이에야스를 칠 절호의 기회로 생각한 이시다 미쓰나리는 자신이 영향력을 미칠 수 있는 다이묘들을 중심으로 거병하면서 모리 데루모토를 서군의 총대장으로 옹립하였다.

아이즈 정벌군이 현 도치기현을 지날 즈음 미쓰나리의 거병 소식을 듣게 된다. 이에야스는 즉시 행군을 중지하고 따르던 다이묘들에게 의견을 물었다. 아이즈 토벌을 중지하는 것으로 의견이 모아지고 다이묘들의 귀국 여부는 자유의사에 맡겼지만 대다수의 다이묘들이 그대로 이에야스를 따르기로 했다(동군). 정벌군을 되돌려 동군은 서군과 전투를 벌이기로 하고, 이에야스는 병력 증강을 위해 급히 자신의 본거지인 에도성으로 돌아갔다.

에도에서의 병력 증강과 부대별 전선 합류 계획을 마치고 이에야스가 동군에 합류한 후 1600년 9월 15일 동서 양군이 미노국 후와군 세키가하라(현 기후현 후와군 세키가하라쵸)에 집결하였다. 이에야스 측의 동군 82,000명, 미쓰나리측의 서군 104,000명, 합계 18만 명이 넘는 병력이 좁은 세키가하라의 분지에서 대치하였다. 임진왜란에 출전했던 전 장수들이 양측으로 나뉘어 서로 총부리를 겨눈 점이 매우 흥미롭다.

대치한 진영의 형세는 미리 지형을 선점한 서군이 압도적으로 유리했다. 지형상 이점을 확보한 미쓰나리의 서군은 승리를 확신했다.

그러나 동군의 이에야스 역시 승리를 확신하고 있었다. 서군의 총대장 모리 데루모토가 전장에 없는 것을 보고 지휘통솔상 문제가 있음을 파악했고, 특히 모리 가문의 일원으로 서군에 참전한 깃카와 히로이에, 고바야카와 히데아키 등 다수의 적장을 사전에 매수하여 서군이 분열될 것임을 알고 있었기 때문이었다.

막상 세키가하라 전투가 시작되자 예상했던 대로 서군의 일부가 동군에 호응하며 전투 결과는 몇 시간 만에 동군의 승리로 싱겁게 끝났다.

세키가하라 전투의 동군과 서군의 주요 무장

동군		서군	
무장	석고 (단위:만석)	무장	석고 (단위:만석)
도쿠가와 이에야스	256	모리 데루모토	121 조선
마에다 도시나가	84	우에스기 가게카쓰	120
다테 마사무네	58 조선	사타케 요시노부	54
가토 기요마사	20 조선	시마즈 요시히로	73 조선
후쿠시마 마사노리	24 조선	우키타 히데이에	57 조선
호소카와 다다오키	18	이시다 미쓰나리	19 조선
아사노 요시나가	16	고니시 유키나가	20 조선
이케다 데루마사	15	마시타 나가모리	20 조선
구로다 나가마사	18 조선	오가와 스케타다	7
가토 요시아키	10 조선	오타니 요시쓰구	5 조선
다나카 요시마사	10	와키자카 야스하루	3 조선
도도 다카토라	11 조선	안코쿠지 에케이	6
모가미 요시아키	24	오다 히데노부	14
야마우치 가즈토요	6	조소카베 모리치카	22 조선
하치스카 요시시게	18	구쓰키 모토쓰나	1
혼다 다다카쓰	10	아카자 나오야스	2
데라자와 히로타카	8	깃카와 히로이에	14 조선
이코마 가즈마사	15	나쓰카 마사이에	5
이이 나오마사	12	모리 히데모토	20 조선
마쓰다이라 다다요시	10	도다 가쓰시게	1
쓰쓰이 사다쓰구	20	사나다 마사유키	4
교고쿠 다카토모	10	고바야카와 히데아키	37 조선
참전 군사 수	82,000명	참전 군사 수	104,000명

- 무장 중 굵은 글씨는 직접 전투에 참가한 자.
- 고딕체는 전투 중 동군으로 배신한 자.
- 석고 난의 숫자는 영지의 쌀 산출량(1석은 성인이 1년에 먹는 쌀의 양).
- 석고 난 숫자 옆 '조선' 표시는 임진왜란 및 정유재란에 참전했음을 의미함.

3) 논공행상

도쿠가와 이에야스는 세키가하라 전투 후 서군 측 다이묘를 철저히 처벌하고 동군 측 다이묘에게는 대대적인 포상으로 보답했다.

> **서군의 처벌**
>
> 서군의 핵심 이시다 미쓰나리와 고니시 유키나가는 참수되었다. 또 대부분의 서군 측 다이묘들은 영지가 몰취 당하거나 축소되었다.
> 도주 중 자결하거나 체포된 다이묘들도 있었다. 서군 다이묘의 영지는 개역(몰취)되거나 대폭 삭감 후 전봉(영지 이전)되었다. 원정 유발자 우에스기 가게카쓰는 아이즈 120만 석에서 요네자와 30만 석으로 영지가 대폭 삭감 전봉되었다.

서군의 총대장으로 옹립된 주고쿠(中國) 지방의 강자 석고 121만 석의 모리 데루모토는 영지 몰취와 가문 폐절의 위기에 처했다. 그러나 동군에 내응한 사촌 깃카와 히로이에가 "본인은 은상을 안 받아도 좋으니 모리 본가를 유지시켜 달라"는 탄원을 하는 등 눈물겨운 노력 끝에 그나마 깃카와가 은상으로 받을 조슈번의 37만 석 영지로 축소된다. 영지의 대폭 축소로 겨우 살아남은 모리가는 데루모토가 이에야스에게 감사 인사를 하고 조슈번의 시골 하기로 쫓겨가야만 했다.

> **모리 가문의 히로시마성과 하기성**
>
> 주고쿠 지방은 일본 혼슈(本州)의 서부 지역으로서 오늘날의 야마구치현(에도 시대의 조슈번), 시마네현, 히로시마현 전부, 오카야마현과 돗토리현의 일부를 포함하는 광대한 지역이다(21쪽 현재 일본 지도 참조). 센고쿠 시대 모리 모토나리(1497~1571)가 아키(현 히로시마현)를 근거지로 대영주였던 아마고 가문과 오우

치 가문을 멸하고 주고쿠 지방을 지배하는 석고량 121만 석의 센고쿠다이묘가 되었다.

 그의 장손 모리 데루모토는 도요토미 히데요시의 초대로 오사카성을 방문한 후 감탄하여 그에 버금가는 히로시마성을 11년에 걸쳐 축성했다. 애써 완공한 지 1년 만에 세키가하라 전투에 패하여 조슈번의 시골로 쫓겨나 하기성을 축성했다(1604). 대도시의 으리으리한 집을 뺏기고 시골구석의 자그마한 집으로 이사하는 모리 가문의 주군과 가신들의 심정이 어떠했을까?

| 하기성터 입구의 모리 데루모토 좌상 앞에서 모리 가문의 회한을 곱씹어 보는 저자(사진 좌측)와 수산그룹 정석현 회장

한편 큐슈 남부(사쓰마번)의 강자 시마즈 요시히로는 1,700명의 적은 병력이 서군에 참전하여 본국에 병력 증원을 요청했지만 형 시마즈 요시히사와 형 집안의 양자로 간 아들이 지원병을 보내지 않았다.

　서군의 패색이 짙어지자 전투 현장에서부터 동군의 포위망을 정면 타개하는 대담한 전략으로 탈출한다. 일부 병력을 후미에 계속 떨구어 동군의 추격조를 저지하며 도주 시간을 버는 꼬리 자르기 전략으로 결국 80명이 살아남아 본국에 돌아갔다. 기적적인 생환을 기념하기 위해 가고시마에서는 지금도 무사 복장을 한 사람들이 40㎞를 달려 도주하는 축제가 세키가하라 전투일에 맞추어 열린다.

　시마즈 가문도 이에야스 측의 영지 감축 대상에 올랐다. 이에 대해 시마즈 가문은 당주 요시히사가 이에야스 측과 교섭을 벌이며 "서군에 가담한 것은 동생 요시히로의 독단적 판단"이라고 해명하면서 이에야스 측에 사죄하였다. 약 2년에 걸친 교섭 과정에서 만일 영지 감축을 할 경우에는 끝까지 저항한다는 시마즈 가문의 결의도 전달했다.

　시마즈 가문의 과감한 정면 탈출이 인상적이었던 이에야스 측은 대전투가 끝나고 새 정권이 막 출범한 입장에서 다시 전쟁을 벌이는 것은 적절치 않다고 판단하여 가독권을 후계자에게 승계시키는 것을 조건으로 시마즈 가문의 영지를 유지시켜 주기로 하였다.

　이에 반해 이에야스는 동군에 대해서는 대대적인 포상을 실시했다.

> **동군의 포상**

　동군에 대한 포상은 영지의 대폭 증가로 나타나, 동군 다이묘들의 영지는 평균 2~3배 늘어났다. 예를 들면 가토 기요마사(임진왜란의 제2 선봉장)의 종전 영지는 19만5천 석이었는데, 늘 서로 으르렁거렸던 고니시 유키나가(임진왜란의 제1 선봉장)의 몰취 영지 24만 석을 포함하여 51만5천 석으로 늘어났다.

　이에야스의 직할령은 종전 250만 석에서 400만 석으로 늘어나 전국 석고 1,380만 석의 30% 가까이에 달했다. 당시 군사력의 바탕은 바로 이 석고로 표시되는 경제력이었기에 다른 다이묘들이 이에야스에 절대 복종할 수밖에 없었다. 한편 도요토미 가문의 영지는 222만 석에서 65만 석으로 크게 삭감되었을 뿐 아니라 도요토미 가문의 재정에 큰 기여를 했던 사카이항과 나가사키항의 지배권도 이에야스에게 넘어갔다.

4) 다이묘의 등급

　논공행상이 다 끝난 후의 다이묘들은, 좀 더 정확하게 말하자면 에도막부 기간 내내 다이묘들은 다음과 같은 등급으로 분류되었다.

- 1등급 다이묘: 도쿠가와 이에야스의 후손들이 다이묘인 경우. 이들을 신판다이묘(親藩大名)라 불렀다.
- 2등급 다이묘: 세키가하라 전투 이전부터 이에야스를 섬기던 가신들이 다이묘가 된 경우 후다이다이묘(譜代大名)라고 불렀다. 막부는 이들 중 5~6명을 선발하여 로주(국무위원)로 삼았다.
- 3등급 다이묘: 나머지 다이묘로서 도자마다이묘(外樣大名)라고 했다. 막부의 집중 감시와 통제 대상이었다.

에도막부의 통치 기간 내내 설움을 받던 3등급 다이묘들 중 사쓰마번, 조슈번, 도사번, 히젠번(사가번)의 주도로 결국 에도막부가 멸망하고 메이지 왕정복고의 쿠데타가 이루어진다. 그런 점에서 메이지유신이라는 것이 이들 3등급 다이묘와 가신들에 의한 260년에 걸친 한풀이라고 해석할 수도 있지 않을까?

> **웅번**
>
> 　웅번(雄藩)은 3등급 다이묘(도자마다이묘) 중 막부를 타도하고 메이지유신에 이르기까지 주도적으로 영웅적 역할을 한 사쓰마번, 조슈번, 도사번, 히젠번을 말한다. 일본의 서남쪽에 위치한 비교적 석고량이 큰 번들이어서 이들을 서남웅번이라고도 한다.

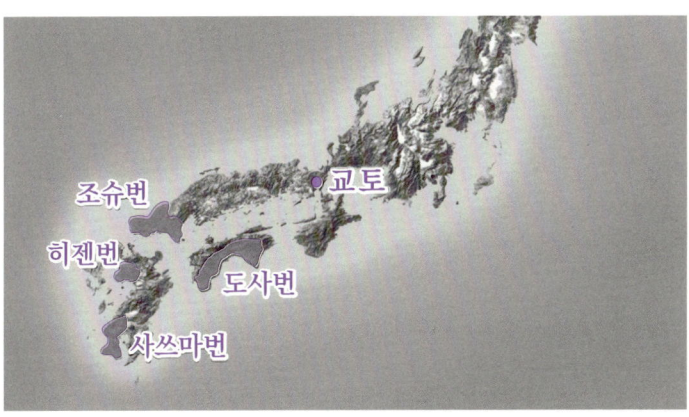

| 메이지유신을 주도한 (서남)웅번

5) 에도막부의 설립과 역사적 의미

1603년 도쿠가와 이에야스는 교토의 천황으로부터 쇼군에 임명되어 에도막부(또는 도쿠가와막부) 시대를 열었다.

> **막부와 쇼군**
>
> '막부(幕府 바쿠후)'라는 용어는 1185년 가마쿠라막부를 세운 최초의 쇼군(將軍) 미나모토노 요리토모의 원정 시 쇼군이 머무는 본진(야전사령부)을 의미했다. 이후 쇼군의 정치적 영향력 때문에 무가(武家)정권의 정청(政廳), 또는 무가정권 자체를 뜻하는 용어로 널리 사용되었다.
>
> 쇼군(將軍)의 정식 명칭은 세이이다이쇼군(征夷大將軍)이다. 오랑캐를 정벌하는 대장군이라는 뜻이다. 당시 일본의 동북부는 오랑캐(아이누족)가 살고 있어서 중앙정부의 통치권이 미치지 않는 지역이었다.

무로마치막부의 후기 약 100년간을 센고쿠(戰國) 시대라 하고, 이 시대에 활약한 각 지역의 패자를 센고쿠다이묘라 한다. 센고쿠다이묘 중 에도막부가 설립되기 전까지 일본을 통일하기 위해 오다 노부나가, 도요토미 히데요시, 도쿠가와 이에야스가 활약하는 약 30년간을 일본사에서 특별히 아즈치모모야마(安土桃山) 시대라고 부른다. 아즈치모모야마 시대는 비록 막부 정권은 없었지만 무력으로 천하를 통일하려는 세 영걸에 의해 천하의 대세가 결정되었다는 점에서 사무라이 시대의 연장이었다.

일본사에서 무가(사무라이)정권은 가마쿠라막부, 무로마치막부, 아즈치모모야마 시대, 에도막부로 약 700년간 면면히 이어진 후 1867년 12월 9일(양력 1868년 1월 3일) 메이지 왕정복고 쿠데타에 의해 종언을 고한다.

역사적으로 볼 때 에도막부는 사무라이 정권 중 제도적으로 가장 정교하고 세련된 정권이자 사무라이가 지배한 마지막 정권이다.

3. 에도막부의 통치 체제

교토의 천황은 연호 제정과 관위(官位) 수여 등 의례적인 업무만 하고 실제 통치는 에도에 있는 막부의 쇼군이 담당했다. 에도 시대의 정치 체제를 '막부 체제(또는 막번 체제)'라고 하는데 '쇼군의 중앙(막부) 정치'와 '다이묘(또는 번주)의 지방(번) 정치'를 총괄하는 의미다.

쇼군은 통상 5명 내외로 구성된 로주(老中)들과 정치를 했다. 2등급 다이묘인 로주들은 월 1~2회 회의를 통해 막부의 정무에 관여하는 점에서 오늘날 국무회의에 참석하는 장관이나 국무위원 정도로 보면 된다.

다이묘(大名)는 석고 1만 석 이상의 영지를 하사받은 무사로서 쇼군을 섬기는 자다. 쇼군의 부하이지만 영지에서는 가신과 영민을 지배하는 통치자였다. 다이묘의 영지 지배 조직 또는 영지를 번(藩)이라고 한다.

전국에 있는 번의 수는 시기에 따라 변하지만 에도막부 시대 평균 270~280개 정도다. 번의 입법, 사법, 행정의 모든 분야에 걸쳐 다이묘에게 결정권이 있는 점에서 번의 내부 정치는 막부로부터 독립성을 가지고 있었다.

대신 다이묘가 쇼군에게 지는 첫 번째 의무는 전쟁 발발 시 병력을 출정시키는 군역이었다. 병력의 수와 무장 정도는 영지의 석고에 따라 정해졌다. 두 번째 의무는 국가 중대사에 번이 공무를 분담하는 일로서 에도성의 축성, 천재지변의 복구 등에 막부의 명령으로 번의 노동력을 제공했다.

다이묘가 쇼군에게, 번이 막부에 세금을 내는 일은 없었다. 번에 대한 징세권이 없기에 막부는 직할 영지를 최대화하고 무역 이권을 독점했다. 또 주요 도시(에도, 교토, 오사카, 나가사키)와 항구, 금, 은, 구리, 광산 등의 이권을 독점해 막부 유지의 경제적 기반으로 삼았다.

따라서 막번 체제라는 것이 독자적인 군사력과 경제력을 갖춘 번(다이묘)들이 연합해 세를 키우면 언제든지 막부(쇼군)을 위협할 수 있었기에 막부는 늘 다이묘를 경계하며 통제의 대상으로 삼았다. 특히 3등급 다이묘는 집중 통제와 감시의 대상이 되었다.

1615년 제정된 무가제법도는 다이묘들이 지켜야 할 법도다. 막부의 허락 없이 다이묘 가문 간 혼인 금지, 새로운 성의 축성과 성의 개보수 금지, 대선(큰 배)의 제조 금지 등 막부에 대한 반역을 억제하고 예방하는 것이 목적이었다.

가장 강력한 통제책은 참근교대제였다. 2등급과 3등급 다이묘들이

1년씩 에도와 영지를 번갈아 가며 거주했다. 영지로 내려갈 때는 정실 부인과 후계자는 에도에 남게 하여 사실상의 인질로 삼았다. 가신과 무사들도 대부분 다이묘와 같이 생활하고 움직였기에 연례행사인 에도와 영지 간의 참근교대 행렬은 백성들에게 대단한 구경거리였다. 번의 체면과 위신이 깎이지 않도록 다이묘들은 경쟁적으로 화려하게 행차를 하게 되었다.

  에도 생활비와 왕복 행차비 지출로 번 재정은 점점 열악해졌고, 인질로 있는 가족 때문에 반란을 꿈꾸는 일은 사실상 불가능했다. 또 후계자는 어려서부터 에도 생활이 익숙하고 영지와는 친밀감이 떨어져 후일 번주가 되더라도 에도 생활을 정서적으로 우선시하여 에도막부 체제가 260년간이나 공고하게 유지되는 데에 큰 기여를 했다.

| 참근교대 행렬

4. 대외정책과 천주교 탄압

1549년 예수회 창설자인 프란치스코 하비에르는 큐슈의 남쪽인 사쓰마, 오스미에서 일본 최초로 천주교 선교를 시작한다. 이때부터 선교사들은 다이묘들이 관심을 가질 만한 철포(화승총) 등 서양문물을 선물하면서 활발하게 선교활동을 하게 된다.

에도막부 초기 도쿠가와 이에야스는 무역과 함께 천주교를 묵인했다. 그러나 기리시탄(크리스천의 일본식 발음)이 점차 급증하고 이들이 일부다처제, 신도(일본 전통의 신사 신앙), 할복 등 일본 전통을 거부하자 1612년 금교령을 내리고 탄압정책으로 전환했다. 막부는 체제 단속을 위해 1613년 쇄국령을 발표하고, "어떤 사유로도 해외 출국을 금지한다. 해외에서 입국하는 일본인은 사형에 처한다"며 강력한 쇄국책을 취했다.

막부는 기리시탄의 확산을 막기 위해 1616년 유럽인 거주 무역지대를 나가사키의 서북쪽 끝에 있는 히라도섬으로 한정하여 지정했다. 이미 나가사키에 널리 자리 잡은 포르투갈인 때문에 천주교 전파가 계속된다고 판단한 막부는 나가사키항 앞에 부채꼴 모양의 인공섬 데지마를 새로 조성하여, 1636년 나가사키와 주변에 거주하고 있는 포르투갈인들을 전원 데지마에 몰아넣고 출입을 금지시켰다. 데지마와 나가사키 간에는 조그만 다리를 통해 출입을 통제하여 육로 봉쇄가 가능했다.

| 부채꼴 모양의 인공섬 데지마

한시름 놓았던 막부에 엄청난 충격파가 몰려오는데, 바로 나가사키 인근의 시마바라에서였다.

> **시마바라의 난(1637)**
>
> 나가사키와 인접한 시마바라와 아마쿠사의 전 다이묘들은 기리스탄 다이묘였다. 특히 아마쿠사의 전 다이묘는 임진왜란의 1군 선봉장이며 세키가하라 전투 후 참수된 고니시 유키나가로 그는 독실한 기리스탄이었다. 자연히 시마바라와 아마쿠사에는 기리스탄 백성이 많았으며, 에도막부가 금교로 방침을 전환한 데에 불만이 많았다. 게다가 새로 임명되어 온 다이묘들은 천주교 금지를 강요하는 데다가 새 성을 쌓겠다고 종전보다 가혹한 세금과 공역을 강요하면서 백성들의 불만이 폭발했다. 1637년 기리시탄을 포함한 수만 명이 폭동을 일으켜 현지 진압이 불가능하자 다이묘들이 막부에 진압을 요청했다. 12만 명의 막부군이 투입되고 나서 4개월 만에 겨우 진압하였다. 이후 막부는 데지마의 포르투갈인을 전원 추방했다.

종교개혁으로 개신교를 믿게 된 네덜란드 상인들은 이 기회에 자신들은 "선교에는 관심 없고 무역에만 관심이 있다"고 막부를 설득했다. 나가사키 상권을 포르투갈에 선점당한 네덜란드 상인들은 오래 전부터 "막부가 두려워하는 천주교 확산 현상은 포르투갈 상인들 때문"이라고 막부를 충동질하고 있었다.

포르투갈 상권을 뺏으려는 네덜란드의 끈질긴 노력으로 결국 1641년 히라도섬에 있던 네덜란드 상관을 데지마로 이전했으며 이후 서구와의 무역은 네덜란드가 독점하게 된다. 이 데지마로 옮긴 네덜란드의 상관이 바로 세계 최초의 주식회사인 네덜란드 동인도회사(VOC)의 일본 지점이다. 서구 문물과 정보의 중요성을 알고 있는 막부는 그 대신 매년 네덜란드 상관장(지점장)이 쇼군을 알현해 최근 서구의 동향이 담긴 보고서(일본은 '풍설서'라고 한다)를 제출케 했다.

시마바라의 난을 계기로 천주교가 가공할 단결력을 가졌음을 깨달은 막부는 천주교에 대한 단속과 탄압을 강력하게 추진했다. 쇄국정책을 '조법(조상들이 만든 법)'이라며 막부 말기까지 약 250년간 엄격하게 유지했다.

이와 같이 에도막부는 엄격한 쇄국정책을 오랫동안 흔들림 없이 시행하지만, 조선의 쇄국과는 개념상 많이 달랐다. 즉, 서구문물과 기술에 호의적인 반면 천주교에 폐쇄적이었고, 무역의 효용성은 잘 알지만 막부 외의 다이묘와 상인들이 활용하는 것을 엄금했다.

정리하면 에도막부의 쇄국정책은 막부가 허용한 다음과 같은 4개의 제한된 창을 통해서만 바깥세상과 교류할 수 있었다.

- 나가사키의 데지마를 통한 네덜란드와의 독점무역
- 쓰시마번을 통한 조선 왜관에서의 독점무역
- 사쓰마번(현 가고시마현)의 류큐왕국에 대한 편취무역
- 마쓰마에번(현 마쓰마에현)의 에조치에 대한 독점무역

류큐왕국(현 오키나와)과 에조치(현 홋카이도)

중계무역으로 번성한 류큐왕국은 명나라에 조공하고 있었으나, 1609년 사쓰마번의 침입으로 국왕과 중신들이 일본에 납치된 이후 사쓰마번에도 조공하는 속국이 되었다. 중국을 두려워한 사쓰마번은 이 사실을 중국에는 비밀에 부치도록 단속하고 류큐가 조공무역으로 중국에서 얻은 귀중품들을 편취했다.

에도막부 시대 에조치(현 홋카이도)는 일본 영토가 아닌 에조인(아이누족)의 영토로 일본인들이 인식하고 있었다.

5. 상공업의 발달과 상인의 보호

참근교대제는 막부가 의도하지 않았던 낙수효과를 일본 경제에 선사한다. 250개 이상의 번의 다이묘와 가신들의 행렬이 매년 주요 가도에서 벌어지다 보니 일본 전국에 걸쳐 도로와 교량이 정비되는 등, 국가적 인프라를 갖추게 되었다. 또 다이묘와 가신들이라는 최고급 소비자들이 전국을 장기간 여행하며, 먹고 마시고 투숙하는 데에 돈을 쓰다 보니 연도(沿道)의 음식점, 목욕 및 숙박업소 등 상인들의 부가 축적되었다.

참근교대로 에도에 머무는 다이묘들은 대단한 큰손 소비자였다. 이러한 수요는 다양한 분야의 생산자들을 에도에 집결시켜 에도의 경제를 폭발적으로 성장시켰다.

에도막부 시대의 일본은 전국적인 도시화가 진전되어 에도는 전국 최고의 소비도시였고, 전국의 쌀이 집하되어 거래되는 오사카는 '에도의 부엌'으로 불렸다. 천황이 머무는 교토는 조정의 수요를 기반으로 한 비단 등 섬유산업과 문화의 도시, 나가사키는 개방된 무역도시로 차별화되어 발전한다.

> **일본의 인구와 도시화**
>
> 18세기 초~중엽 에도는 인구 100만 명의 도시로 발전한다. 오사카는 인구 40만 명에 가깝고, 교토는 30만 명을 상회하는 대도시가 된다. 참고로 이 시기 베이징이 인구 100만 명, 런던이 60만 명, 파리는 50만 명, 조선의 한양은 20만~25만 명 정도였다. 인구수로만 따지면 당시 에도는 세계 최대의 도시였다.
> 인구 면에서 더욱 눈여겨보아야 할 일은 도시화의 정도였다. 같은 시기 인구 1만 명 이상의 도시 인구가 전체 인구에서 차지하는 비율은 일본 12.3%, 서유럽 7.8%, 중국 3.8%, 조선은 2.5% 정도였다.

에도 시대 중기 이후에는 막부, 다이묘들과 거래하는 호상(대상인)들이 형성되는 등 상인들이 부유해지는 반면 사무라이들은 점차 빈곤 상태로 떨어지는 일이 일반적이었다. 특히 쌀값이 폭락한 해에는 봉록을 쌀로 받는 사무라이들의 형편이 더 어려웠다.

참근교대에 따른 왕복 여행비 지출, 에도에서 생활하는 가족들과 이들을 돌보는 가신들 때문에 영지와 에도에서의 이중 생활비 지출 등으로 재정적자에 허덕이는 번들이 많았다. 다이묘들은 에도나 오사카의 호상들에게 돈을 빌리며 사정을 하기도 하고, 지역 상인에게 돈을 빌린 사무라이가 빚을 갚지 못해 할복하는 일이 종종 사회문제가 되기도 하였다.

이와 같이 에도막부의 사회체제는 경제적인 관점에서만 보면 어느 정도의 자본주의화가 진행된 사회로 볼 수 있다는 점에서 당시의 조선 사회와 크게 비교된다.

6. 종교, 사상과 학문

1) 신도와 불교

　고대의 애니미즘적 풍토에서 자연히 생겨난 신도는 일본 민족의 역사와 함께 성쇠를 거듭해 온 종교 이전의 믿음이자 전통문화에 가깝다. 신사에서 모시는 가미(신)는 조상 숭배, 신화나 설화 속의 인물 숭배, 자연 숭배 등 그 대상에 제한이 없다. 교조나 교리도 없다.
　그러나 6세기 한반도로부터 전래된 불교가 국가적 공인과 융성을 거쳐 지배층의 호국불교가 된 이후 전통 신도는 고급 종교인 불교와 혼합되어 적응하는 신불습합의 과정을 거친다.

> **신불습합**
>
> 　불교 전래 이후 일본의 신도는 불교와 혼합되어 살아남는 과정을 거치는데 이를 일본 종교사에서 신불습합(神佛習合)이라고 한다. 초기에는 "신도의 가미가 불법을 호위한다"거나 "가미가 수행을 통하여 불보살이 된다"는 설이 유행했다.
> 　헤이안 시대 이후 본지수적설(本地垂迹說)이 대유행하여 불교의 우위가 확립되었다. 부처가 본처(본지불)이며 가미는 부처가 현세에 내려와 흔적을 남긴 화신(화신

불)이라는 이론이다. 본지수적설은 "밀교의 대일여래가 일본에서 아마테라스로 현신했다"는 주장과 각각의 가미별로 불보살을 1:1로 연결지으며 그 절정을 이루었다. 지금도 일본의 신사에 종종 남아있는 사원(신궁사)이 신불습합의 흔적을 보여준다.

가마쿠라막부 시대부터 개인 구제에 주안점을 둔 가마쿠라 신불교(정토종, 정토진종, 선종, 일련종 등)가 민중 속으로 파고들었으며 이런 현상은 무로마치 막부를 거쳐 에도막부 시대에도 마찬가지였다. 복잡한 교리보다는 간단한 주문만을 일심으로 염불(전수염불)하면 극락에 갈 수 있다는 신불교는 사무라이의 칼날이 횡행하는 현세에 마음 붙일 곳 없는 농민과 백성들에게 정신적 안식처가 되었다.

민중과 결합된 신불교의 위력은 이들이 합심해 반란을 일으키면서 현실화된다. 센고쿠 시대 혼간지의 정토진종 신도들에 의해 발생한 반란(잇코 잇키)은 100여 년 만에 겨우 진압된다. 통일 전쟁 중 오다 노부나가는 무기로 무장한 쟁쟁한 센고쿠다이묘들보다 잇코 잇키 대처에 훨씬 큰 애를 먹었다.

오다 노부나가와 도요토미 히데요시가 잇코 잇키 진압에 애를 먹는 것을 본 이에야스는 철저히 불교를 막부의 통제하에 두었다. 이렇게 막부에 의해 보호받지만 완벽하게 통제되는 에도시대의 승려들은 종교직 공무원에 가까웠다.

> **에도막부의 불교 보호 및 통제책**
>
> 에도막부는 사원법을 제정하여 불법 연구와 학문은 장려하지만 출가 자격 등을 제한하여 승려들을 관리했다. 제종사원법도의 제정으로 본·말사 관계를 철저히 정

비하여 본사가 없거나 본사에 속하지 않은 말사는 폐쇄했다. 촉두라는 직책을 두어 막부-본사-말사의 연락을 중개하여 소통하고, 촉두를 통해 전국 사원의 동향 보고를 받고 정부 시책을 전달했다. 또 아래의 두 제도를 통해 불교를 전 국민 통치의 수단으로 활용했다.
 - 사청제(寺請制): 매년 일본인들은 마을에 있는 사원으로부터 비기독교인 증명을 받아 행정관청에 제출해야 했다.
 - 단가제(檀家制): 죽음에 관련된 종교적 의례 집행권을 사원이 독점케 하여 사원에 경제적 보상을 하는 제도. 이런 배경과 전통 때문에 오늘날에도 일본인들의 장례식은 대부분 불교식으로 하고 있다.

2) 유학

　헤이안 시대 말기~가마쿠라막부 초기, 송나라의 신유학인 주자학(성리학)이 유학승을 통해 일본에 전래되었다. 이후 선승, 교토의 조정, 학자 등 지식인 엘리트 계층에 유행했던 주자학은 센고쿠 시대의 전란을 피해 전국으로 피신한 지식인 엘리트들에 의해 일부 다이묘에게 확산되었다.

　에도막부 창설 후 이에야스는 충효를 강조하는 주자학(성리학)이야말로 체제 유지에 가장 적합한 정치 이데올로기로 판단하여 관학으로 채택하였다. 막부의 정치 이데올로기가 된 주자학을 전파하고 또 정부 정책에 반영하기 위하여 이후 쇼군들은 유명한 유학자를 초빙해 곁에 두게 된다.

에도막부의 유학자

불교 승려였던 후지와라 세이카(1561~1619)는 주자학에 관심을 가진 후 임진왜란 때 일본에 잡혀 온 유학자 강항으로부터 조선의 성리학을 배우면서 본격적으로 연구했다. 센고쿠 시대의 전란을 겪은 세이카는 내세지향적인 불교에 비해 현세를 구제할 수 있는 힘이 주자학에 있다고 보고 일본도 조선과 마찬가지로 주자학을 중심으로 한 사회질서를 만들어야겠다고 결심한다. 에도막부 설립 후 이에야스로부터 스승이 되어달라는 요청을 받았으나 세이카는 제자 하야시 라잔을 이에야스에게 천거한다. 세이카는 신도의 한 축을 맡고 있는 요시다 신도의 먼 집안 사람으로서 신도에 호의적인 데다가, 양명학도 포용하는 등 여러 사상을 혼합한 일본 주자학의 시조다.

승려 출신의 하야시 라잔(1585~1657)은 주자학 사숙을 열어 수많은 주자학자들을 길러냈다. 그의 사숙은 후일 조선의 성균관에 해당하는 창평판(쇼헤이자카)학문소로 발전되어 에도막부 최고의 교육기관이 된다. 이에야스에게 자문하고, 2~3대 쇼군의 스승이 되어 에도막부의 정치·외교에 많은 영향을 미쳤다. 막부의 통제정책인 공가제법도와 무가제법도를 완성하는 등 '사상계의 쇼군'으로 평가받았다.

이외에도 야마자키 안사이(1618~1682), 이토 진사이(1627~1682), 오규 소라이(1666~1728), 아라이 하쿠세키(1657~1725) 등의 유학자들이 이름을 날렸다. 특히 오규 소라이는 주자의 주장만 무조건적으로 따르는 현실을 개탄하여, 공자와 맹자 시대의 고문사학을 직접 연구해 원전을 독해한 후 반주자학 입장에 섰다. 그는 "주자학이 억측에 근거한 허망한 설"이라 주장하며 공부하는 청년들을 성리학적 도덕론에서 해방시켰다. '에도 사상사의 분수령'이라 평가받는 소라이의 출현으로 조선 성리학에 늘 콤플렉스를 가졌던 일본의 유학자들은 학문적 융통성을 가지게 된다.

주자학이 관학으로 자리매김함에 따라 주자학은 막부의 관리나 다이묘의 가신들이 반드시 공부해야 하는 학문이 된 반면, 민간에서는 양명학이 상당한 수준으로 확산되었다. '탁상공론'보다는 '실천'을 강조하는 양명학은 실용주의적인 일본인의 특성에 부합한 유학으로서 일부 관료들까지 양명학자를 자임하게 된다.

> **양명학자**
>
> 양명학의 원조로 평가받는 나카에 도주(1608~1648)는 '심즉리(心卽理)'를 주장하며, 신도를 바탕으로 신리(神理)가 지배하는 청정한 자신의 내면에 집중할 것을 강조했다. 구마자와 반잔(1619~1691)은 양지(良知)는 변화하는 것이라며 고정불변의 진리와 법칙을 극력 반대했다. 창평판학문소의 교관으로서 사쿠마 쇼잔, 요코이 쇼난 등 제자 3천 명을 배출한 사토 이사이(1772~1859)는 우주만물과 자연현상의 창조의 원천은 기(氣)라고 하면서 양명학을 기본으로 하여 주자학을 원용하였다.

이와 같이 주자학과 양명학이 같이 발전하고 전통 신도와도 습합하는 경향을 보이는 것은 일본 유학의 융통성을 보여주고, 더 나아가 상황 변화에 따른 이질적 학문의 포용 가능성까지 내포하는 에도 유학의 특성이다.

주자학 외에는 사문난적으로 처단해 학문의 융통성을 부인하고 수백 년 전의 학문과 해석에 외골수로 깊이 빠져버린 조선 주자학에 비해 변신의 여지를 남겨두는 일본의 유학적 토양이 후일 근대화에 더 도움이 되지 않았을까?

3) 난학

나가사키의 데지마를 통해 서양의 문물과 학문이 일본에 들어오기 시작했다. 네덜란드(Holland)를 일본인들은 '화란(和蘭)'으로 표기했고, 네덜란드를 통해 들어온 서양학문을 난학(蘭學, 난가쿠)이라고 불렀다.

난학은 일찍이 네덜란드 상관에 드나들기 위한 어학에서부터 시작되었다. 서양 문물에 적극적인 제8대 쇼군 요시무네가 일부 가신에게 화란어를 직접 배우게 하면서 의학, 천문학, 지리학 등으로 확산되기 시작했다.

난학이 폭발적으로 확산되는 계기가 있었는데, 유럽의 인체 해부도감을 번역한 〈해체신서〉의 출현이다(1774).

> 〈해체신서〉
>
> 의사 스기타 겐파쿠는 우연히 네덜란드 상관에서 흘러나온 서양의 해부학 도감 책을 보았는데, 그간 한의학에서 배운 것과 많이 달랐을 뿐 아니라 인체 각 부분의 해부도가 너무 정교해 놀랐다. 의사 친구들과 상의한 후 막부에 요청해 사형수의 시신을 해부할 수 있도록 허가받았다.
>
> 책과 비교해가며 사형수의 시신을 해부한 결과 해부학 도감 〈Tafel Anatomie〉의 정확성에 경탄하여 친구들과 이 책을 번역하기로 한다. 네덜란드어를 전혀 모르는 의사들과 약간 아는 의사들이 참여하여 해부학 책을 번역하는 일은 "장님이 코끼리를 더듬어가며 묘사하는 일"에 비유했다. 이들의 눈물겨운 노력에 의해 발간된 〈해체신서〉로 인해 오늘날까지도 의학용어로 사용하는 동맥, 정맥, 신경, 연골 등 당시 한의학에는 없던 새로운 용어들이 탄생했다.
>
> 그의 제자 오쓰기 겐타쿠가 에도에서 지란당이라는 주쿠(塾 사설학원)에서 제자들을 키우며 많은 난학자들이 출현해 난학은 본격적으로 전국에 전파된다.

서양 의학의 발달로 해부학, 생리학, 병리학, 내과 전문서적도 번역 출판되었다. 18세기 말에는 코페르니쿠스의 지동설, 뉴턴의 만유인력설과 태양의 운동법칙을 소개한 천문학 서적이 발간된다. 천문학의 발달에 따라 지리학도 발전하여 19세기 초에 경도와 위도가 표시된 지도가 제작된다.

이노 타다타카의 대일본연해여지전도(이노도)

이노 타다타카(1745~1818)는 양조사업 성공 후 50세에 장남에게 가독을 물려준 후 에도로 이사했다. 최고의 천문학자 밑에서 평생의 꿈이었던 천문학을 공부하기 위해서였다. 천문학적으로 지구의 둘레를 계산하기 위해 에도에서 에조치(홋카이도)까지 측량여행을 하는 것이 계기가 되어 막부의 허가를 받아 지도제작에 나서게 된다. 이노의 나이 55세 때(1800) 9인의 측량대가 에도를 출발해 총 6개월에 걸친 측량 여행을 마치고 에도로 돌아와 측량 데이터를 기초로 첫 지도를 제작해 막부에 제출하였다.

지도의 정확성과 치밀함에 감탄한 막부는 이노의 공을 치하하고 아예 동일본 전체에 대한 지도 제작을 추가로 의뢰하였다. 이후 17년간 10차례에 걸친 측량 여행 끝에 1817년부터 일본 최초의 실측 지도인 전일본지도 제작에 착수했다. 완성을 보지 못한 채 이노는 73세로 사망하고(1818), 제자들에 의해 〈대일본연해여지전도〉(흔히 '이노도'라고 부른다)가 완성된다.

1821년 7월 에도성에서 이노도가 펼쳐지자 이를 본 막부의 고위 관료들은 입을 다물지 못했다. 축척 1/36,000 대지도 214매, 1/216,000 중지도 8매, 1/432,000 소지도 3매로 구성된 지도는 규모와 정확성 면에서 당대의 것으로는 도저히 믿을 수 없는 수준이었다.

막부는 이노 부자에게 칼을 찰 수 있는 사무라이로 신분 상승을 공인했으며, 여행 때마다 공무통행증 발급과 함께 여비를 지급했다. 지도 완성 후에는 손자에게까지 봉록이 지급되고 에도에 사택이 제공되었다.

이노도는 위도와 경도가 표시되어 있고 현대의 지도 제작에 가까운 과학적인 방법을 사용하여 현대의 지도와 오차가 거의 없다고 한다. 조선에서 김정호의 대동여지도가 제작되기 40년 전의 일이다.

난학이 발전하면서 서양의 물품들을 귀하게 여기며 수집하는 사람들이 늘어났다. 온도계, 색안경, 시계, 오르골, 망원경, 지구의 등 처음 보는 신문물의 과학성과 정교함에 일본인들은 감탄했으며, 이런 서양의 진귀한 물품을 수집하는 데 광적인 사람을 '난벽이 있다'고 했다. 당시 난벽 번주를 모신 재정담당 가신들은 골치가 아팠다. 고가의 수입 사치품 구입에 번 재정이 많이 동원되었기 때문이다.

4) 국학

18세기 후반부터 국학은 일본에서 대세가 되었다. 국학자들은 오랜 세월 주류 사상이었던 유학과 불교를 외래의 것이라 비판하고 일본의 독자적 사상과 문화를 고전 및 고대사 연구를 통해 재발견하고 일본의 우월성을 주장했다. 이들이 공통적으로 주목한 것은 천황과 신도였다.

> **대표적 국학자**
>
> 고대 시가집 〈만엽집〉을 분석하며 고대 일본인의 정신세계를 연구한 가모노 마부치(1769~1768), 〈고사기〉를 집중 연구하며 근대 신도 중흥의 이론적 토대를 마련한 모토오리 노리나가(1732~1801), 사후의 영혼 세계를 연구하여 신비학을 바탕으로 복고신도와 황국우월론을 주장한 히라타 아쓰타네(1776~1843) 등이 많은 제자를 키워내며 당대는 물론 후세에 영향을 미쳤다.

국학자들이 근거로 삼은 것이 대표적으로 8세기 초에 편찬된 〈고사기〉와 〈일본서기〉에 기록된 신화와 전설이다. 이들은 태양의 여신 아마테라스의 후손이 일본을 영원히 다스리며 그 후손인 진무 천황이 초대 천황에 등극했다는 두 사서에 기록된 전설이나 신화를 역사적 사실이라 주장하고 이를 확장 해석하기 시작했다.

또 '신라를 치라는 신탁을 무시한 천황이 급사하고, 신탁을 따른 임신 중의 진구(神功)황후에게 신라왕이 항복하고 조공을 바쳤다'는 〈고사기〉, '신라왕, 백제왕, 고구려왕이 머리를 조아리며 조공을 바쳤다…. 황후가 사람을 임나에 보내 순행하고 그 땅을 떼어 백제에 하사하였다'는 〈일본서기〉의 기록을 근거로 국학자들은 "오랜 기간 조공을 안 바친 조선을 혼내야 한다"고 주장했다.

"일본 건국신화의 가미(신)들이 일본 열도를 창조하다가 생긴 부산물이 세계의 영토이니, 이들 국가들은 일본에 감사해야 한다", "일본인은 모두 가미의 자손이며 일본은 신국이다", "세계 최초의 국가 일본이 전 세계를 일본의 군현으로 만들기 위해 약소국(만주, 몽골, 조선, 남방제도 등)을 공략하자"는 주장 등등…. 지금 보면 황당무계하지만 당시 신지식인이라는 국학자들의 주장은 사무라이 지배층과 지식인들에게 신선하게 다가오며 큰 영향을 미쳤다. 국학은 임나일본부설, 정한론 등 한반도 침략 정당화의 원천이었다.

그러나 신화나 소설 같은 이러한 이야기가 역사서에 기록되어 있다는 이유만으로 이를 믿고 확장 해석한 국학자들의 주장과 사상은 존왕론(근왕론)이라는 옷으로 갈아입은 채 막부 말기와 메이지 시대까지 일본인들의 정신세계에 면면히 이어져 일본 국수주의의 뿌리가 되었으며, 오늘날까지도 한일 역사 분쟁의 빌미를 제공하고 있다.

5) 미토학

미토번(현 이바라키현)은 쇼군을 배출할 수 있는 고산케 가문으로서의 자부심이 상당했다. 막부 말기 많은 영향을 미친 후기 미토학은 미토번의 번교 홍도관을 중심으로 확산된 외세에 대한 우려와 그 대응방향에 관한 실천적 학풍이었으며 번주와 가신들이 주도했다.

> **고산케(御三家)와 고산쿄(御三卿)**
>
> 이에야스는 3남 히데타다에게 쇼군직을 양위하였으며, 만일 쇼군의 대가 끊어지면 9남의 오와리번, 10남의 기슈(기이)번, 11남의 미토번에서 쇼군을 승계하도록 했다. 이 세 가문은 '고산케(御三家)'라고 하여 도쿠가와(德川) 성을 썼으며, 나머지 1등급 다이묘의 자손들은 마쓰다이라(松平) 성을 사용했다. 7대 쇼군이 요절하자 (7세) 고산케 기슈번의 요시무네가 8대 쇼군으로 등극해 이후 14대 쇼군 이에모치까지 기슈번 혈통의 쇼군이 이어졌다. 오늘날 고산케는 어느 분야의 특출한 세 경쟁자 또는 세 명가를 뜻하는 말로 사용된다.
>
> 요시무네는 자신의 사후에 쇼군의 대가 끊길 경우 자신의 후손에서만 쇼군이 나오도록 고산케를 본떠서 세 가문을 지정했다. 차남 집안인 다야스 도쿠가와가(田安德川家), 4남 집안인 히토쓰바시 도쿠가와가(一橋德川家), 장남(9대 쇼군)의 차남 집안인 시미즈 도쿠가와가(清水德川家). '고산쿄(御三卿)'로 부르는 이 세 가문은 영지 없이 막부의 봉록을 받으며 소수의 가신들과 에도에 거주했다.

일본 근해에 간혹 이국선이 출몰할 즈음인 1825년 막부가 '이국선 격퇴령'을 내리자 미토번의 가신 아이자와 야스시(또는 아이자와 세이시사이)는 미토학의 정수라 평가받는 〈신론〉을 저술했다.

〈신론〉의 주요 내용

- 서양의 흑선(黑船 구로후네)이 출몰하는 목적은 일본을 점령하기 위함이다. 일본의 대응태세가 단단하면 이들은 기독교를 전파해 일본인들을 정신적인 노예로 삼는다.
- 세계 각국의 동향과 구미 열강의 침략적 야심을 설명하고 서구가 강한 것은 기독교 때문이라며 기독교를 격렬히 비판한다.
- 일본은 신국이다. 천황가의 황통은 천지개벽 이래 아마테라스의 자손인 천황에 의해 만세일계로 계승되었다.
- 초대 진무 천황 이래의 군사적 업적을 열거하고 '마침내 삼한을 평정하고 부를 임나에 세웠다.' 제정일치 하에서 강력했던 고대의 군사력이 다이묘의 통치하에서 조카마치(성하마을)에 살게 되면서 약해졌다.
- 외세에 대한 단기 대책은 국방력 강화가 핵심이며 이를 위해 해군 창설 등을 제시하고, 장기 대책은 일본을 영구히 다스리는 만세불변의 정책으로서 천황에 의한 제정일치를 주장한다.

막부 말기 미토학은 전국으로 퍼지며 존왕양이운동(쇼군보다 천황을 존숭하고, 막부의 개항을 반대하여 서양인을 배척하는 운동)에 몸담은 수많은 사무라이가 공감하고, 〈신론〉은 이들의 바이블이 되었다. 요시다 쇼인을 비롯한 존왕양이파들은 야스시의 가르침을 간절히 원하면서 성지 순례하듯이 미토번을 방문했다.

| 아이자와 야스시의 초상화

미토학은 기독교 정신이 막번 체제의 신분 질서와 국체를 뿌리부터 파괴할 것으로 보고 이에 필적할 만한 이데올로기를 개발했다. 민중적 토속신앙에 국가가 개입해 제사 대상 가미(신)를 지정하고, 토속의 민간 가미들은 아마테라스 계통의 가미 속에 위계를 통일시켜 종교와 정치의 일원화를 꾀했다(국체론과 제정일치론).

국학과 미토학은 그동안 자기 번 경계 내에서의 사고와 생활에만 익숙했던 일본인들에게 일본인과 일본이라는 전체를 일깨우는 계기가 된다. 그리고 이는 후일 메이지 정부가 어떤 저항도 없이 천황신격화 정책에 올인하여 국수주의적 군국주의로 치닫는 사상적 토양이 된다.

1장

◆

페리 함대가 만든 소용돌이

1. 페리 내항과 개항

1853년 7월 8일 미국 동인도함대 사령관 페리 제독이 이끄는 함대가 에도만(현 도쿄만) 입구 우라가(현 요코스카) 앞바다에 나타났다. 일본과 수교를 요구하며 대포로 무장한 거대한 페리 함대의 출현은 에도 막부 창설 이래 최대의 쇼크였다. * 페리 내항의 배경과 당시의 모습에 관하여는 졸저 〈한일 근대인물 기행〉 12~15쪽 참조.

| 부식 방지를 위해 배 표면에 타르를 입혀 검게 보인다 해서 흑선(구로후네)이라 불렸다.

소문으로 듣던 흑선의 모습을 본 일본인들은 경악했다. 에도에 유학을 와 있다가 페리 함대의 위용을 목격한 요시다 쇼인, 기도 다카요시, 사카모토 료마 등과 같은 사무라이들은 엄청난 충격과 함께 자신들과는 전혀 다른 선진세계의 신문물에 놀랐으며, 이 경험은 후일 그들의 사상과 행동 양태를 크게 바꾸어 놓는다.

막부도 마찬가지였다. 페리 내항의 충격은 즉시 막부를 강타하여 페리가 돌아간 지 10일도 안 되어 쇼군이 급사하고 13대 쇼군 도쿠가와 이에사다가 등극했다. 이에사다는 병약하고 폐쇄적인 쇼군이었다. 특히 유모 외에는 터놓고 얘기할 사람이 없을 정도로 정신적으로도 문제가 있었다. 기록들로 유추해 보면 요즈음의 뇌성마비에 해당하는 환자가 아니었나 추정된다.

페리가 수교조약 체결을 위해 1년 후 다시 오겠다고 공언하고 떠났기에 그가 다시 오면 어떻게 할 것인가에 대해 막부는 대책이 없었다. 막부 창설 이래 처음 겪는 일이라 수석로주 아베 마사히로는 국서를 번역해 모든 번에 내려주며 좋은 방안을 막부에 제안해 달라고 요청할 정도였다. 중앙 정무를 막부가 독점해온 그간의 관례에 비추어 아베의 대처 방식은 파격이었다.

이를 계기로 일본의 정국은 막부와 번을 가리지 않고 국가적 여론 형성을 위한 대소용돌이 속으로 급속히 휩쓸려 들어가게 된다.

여론은 크게 두 가지로 나뉘었다.

서구에 관한 정보를 독점한 막부의 로주들은 미국과의 전쟁은 승산이 없다고 판단해 "네덜란드인을 위한 나가사키항처럼 미국인을 위한 항구 한두 곳만 개항하면 된다"고 주장했다.

그러나 지배층과 지식인에게 당시 큰 영향을 미친 미토학의 고향 미토번의 전 번주 도쿠가와 나리아키는 "미국에 굴복하는 것은 신국 일본의 수치다. 전쟁을 각오하고 거부해야 한다"고 주장했다. 절대다수의 무사들과 백성들이 그를 영웅시했다. 정치의 세계에서 이해득실을 따지는 현실파보다 목소리 큰 강경파가 인기를 얻는 것은 예나 지금이나 마찬가지다.

여론을 잘 알고 있는 아베는 나리아키를 막부정치에 불러들여 그에게 국방고문역을 맡겼는데 이 또한 파격이었다. 쇼군이 부담을 가지지 않도록 1등급 다이묘는 막부정치에 관여할 수 없는 것이 에도막부의 전통이었기 때문이다. 이때부터 로주들과 나리아키 사이에 치열한 논쟁이 벌어졌다.

> **도쿠가와 나리아키(1800~1860년)**
>
> 고산케 미토번의 번주 나리아키는 미토학을 완성했다고 평가받는 아이자와 야스시로부터 존왕사상과 외세 침략에 대한 국방 의식에 일찍 눈을 떴다. 번주가 된 후 대대적인 개혁정책을 펼쳤다. 당시 일본 최대의 번교인 홍도관을 세워 존왕양이 교육을 기반으로 무사 자제들을 교육했다. * 존왕(尊王)은 천황을 존중하는 것, 양이(攘夷)는 신국 일본에서 오랑캐(서양인)를 쫓아내는 것, 즉 종전의 쇄국책을 유지하는 것.
>
> 사원을 축소하고 범종이나 불상을 몰수해 대포 주조에 사용하고, 마을마다 신사를 설치해 신관의 권한을 강화하였으며 영민의 장례식을 불교식 대신 신도식으로 하도록 했다. 번에 내려가면 역사 편찬소와 번교에 들러 학문과 무예 연마를 게을

리하지 말 것, 검약과 상무적 기풍을 잃지 말 것을 역설했다. 번에서 사냥을 빙자한 대규모 군사훈련을 하기도 했다. 1839년 쇼군에게 장문의 상서를 올려 일본의 내우외환을 경고하고 개혁을 촉구하였다. 또 해방(해양 방위)을 위해 대선 제조 금지 정책을 풀어줄 것을 주장하고, 에조치(홋카이도) 개척을 미토번에 맡겨 달라고 요청했다.

막부는 전통적으로 친불교였다. 또 군사훈련 시행과 대선 제조는 반란의 기미로 간주되었고, 막부에 대한 개혁 촉구나 에조치 개척 등은 금기였다. 이런 그의 튀는 언행은 결국 막부의 징계를 초래하지만, 막부 말~메이지유신 초 그의 주장은 대부분 막부나 메이지 신정부의 정책으로 추진된다는 면에서 그는 일본 근대사의 선각자이기도 하다.

후일 그는 다이로 이이 나오스케에게 영구 칩거처분을 받아 에도로 돌아가지 못한 채 고향에서 사망하지만, 열공(熱公)이라는 시호처럼 막부 말기를 열정적이고 거침없이 살다 간 인물이다. 여자 문제와 자녀 생산에도 정열적이어서 37명의 자녀를 두었다. 자식들이 많다 보니 다른 집안의 양자로 많이 보내 번주가 되거나 가문의 당주가 되도록 했다. 그 전략이 통해 고산쿄 일원인 히토쓰바시 가문의 당주가 된 7남 요시노부가 결국 마지막 쇼군이 되었으니 지하에서라도 흐뭇해하지 않았을까?

| 도쿠가와 나리아키와 7남 요시노부의 동상
(이바라키현 미토시 센바 공원 내 소재)

예정보다 빠른 1854년 1월 16일 페리 제독은 전년도보다 더 큰 규모인 8척의 군함을 끌고 일본에 돌아왔다. 자신의 내항 후 러시아 함대가 일본과의 수교를 위해 나가사키에 나타났다는 정보를 들은 페리는 일본과의 수교에 선수를 뺏기지 않기 위해 예정보다 빨리 재내항한 것이다.

가나가와 조약 협상

페리 함대는 한적한 가나가와 해변가(현 요코하마)에서 막부와 협상을 시작했다. 협상을 유리하게 이끌기 위해 막부는 스모를 보여주며 미국을 겁주려 했지만 효과가 없었다. 미국의 한 수행원은 "목적도 없이 밀어붙이고 고함치고 끌어당기고 밀고 돌아다니는 시합은 힘겨루기로는 매우 불충분한 경기. 덩치가 그들의 반밖에 안 되는 미국 레슬러들도 그들을 웃음거리로만 생각할 게 뻔하다"고 일기에 기록했다.

스모 관람 후 미국이 막부 관리들에게 보여준 것은 실물 1/4 크기의 증기기관차와 110m 길이의 원형 선로였다. 미국 수행원의 이어지는 기록이다. "증기가 뿜어져 나오며 기적이 울렸다. 기관사가 탄수차에 탔다. 막부의 응접관이 객차에 올라가 앉았다. 기차가 움직이기 시작해 시속 30km의 속도로 선로를 빙빙 돌았다. 하오리(상의 위에 입는 일본인의 짧은 겉옷)를 펄럭이며 시승한 관리는 대단히 즐거워했다."
-앤드루 고든, 〈현대일본의 역사1〉, 이산, 117쪽-

| 시모다항에 있는 페리 함대 내항기념비

2개월이 넘는 협상 끝에 1854년 3월 31일 역사적인 미일화친조약을 맺었다(가나가와 조약). 미일화친조약은 6월 17일 시모다에서 세칙(시모다 조약)을 정하며 완성된다. 내용은 시모다와 하코다테를 미국 선박의 기항지로 개방하고 영사 주재와 최혜국 대우를 약속하는 것 등이다. 막부는 일단 개항해 전쟁을 피하되, 시간을 벌어 서양을 이길 국방력을 키우자는 심산이었다.

역사적인 조약의 체결로 일본은 개국으로 나아가는 첫발을 내디뎠다. 본격적인 통상조약은 아니지만 일본이 서양과 맺은 최초의 근대적 조약이다. 이 조약을 모델로 거의 동일한 내용으로 영국, 러시아, 네덜란드와도 조약을 체결했는데, 최혜국 조항 등 일본에 불리한 조항을 뒤늦게 깨닫고 나서 후일 메이지 신정부가 오랫동안 불평등조약 개정이라는 숙제를 떠안게 된다.

자신의 주장과 달리 막부가 개항을 하자 강경파 나리아키는 막부의 조치에 반발해 국방고문역을 벗어 던지고 막부에서 물러 나왔다.

2. 안세이 개혁

여론에 영향력이 큰 거물 나리아키를 막부 정치에 활용하려던 아베는 그가 정무에서 제외되자, 개항 이후의 국정 관리에 서양 물정과 막부 정치를 잘 아는 로주가 필요했다.

아베가 찾아낸 인물은 과거 로주를 이미 역임했던 시모사사쿠라번(현 지바현 일부)의 난벽 번주 홋타 마사요시였다. 1855년 홋타에게 외교통상 부문을 전담케 하고 자신의 수석로주 자리까지 넘겨주었다.

| 아베 마사히로

| 홋타 마사요시

개항 이후 막부는 서구를 따라잡기 위해 국방력 강화를 비롯한 개혁정책을 즉각 시행한다. 수석로주 아베와 홋타가 주요 다이묘들의 의견을 수렴해 추진한 개혁 조치들을 당시의 연호를 따서 안세이 개혁이라고 한다.

> **안세이 개혁의 주요 내용**
> - 서양식 대포를 제작하기 위해 반사로를 설치한다. 막부는 사가번에 대포를 주문하고, 이즈의 니라야마에 반사로를 설치하여 대포를 제작한다. 조슈번, 사쓰마번도 대포 제작을 위한 반사로를 설치한다.
> - 에도만 수비를 위해 시나가와 포대를 설치한다.
> - 해군 양성을 위해 나가사키에 해군전습소를 개설해 네덜란드 교관으로부터 조선술, 항해술을 배운다.
> - 무예 훈련기관을 설치해 서양식 포술과 전술학을 막부 가신의 자제들에게 가르친다.
> - 번서조소(서양서적 번역기관)를 개설해 서양서적을 대거 번역한다. 번서조소는 후일 서양학 교육기관으로 확장된다.
> - 유능한 인재들을 발탁 등용한다. 대표적으로 막부 말기부터 메이지유신까지 큰 활약을 하는 가쓰 가이슈가 이때 발탁된다.

막부는 전쟁을 피하기 위한 임기응변책으로 원치 않는 개항을 했다. 그 과정에서 서양의 국방력 및 과학기술과의 격차가 크게 벌어진 것을 깨닫고 곧바로 이를 따라잡기 위한 다양한 개혁 조치들을 취했는데, 바로 이 점이 22년 뒤에 벌어지는 조선의 개항과 가장 큰 차이점이다.

일본이 벌인 운요호 사건 다음 해 일본의 구로다 함대와 조선은 1876년 강화도조약을 체결했다. *강화도조약의 자세한 체결 과정은 졸저 〈일본의 근대사 왜곡은 언제 시작되는가〉 10쪽~105쪽 참조.

조선이 원치 않았지만 전쟁을 피하기 위한 고육지책으로 체결한 점에서 일본의 개항 과정과 같았다. 그러나 신문물로 무장한 일본의 증기선과 대포의 위력을 확인하였음에도 조선 정부는 개항 전과 전혀 달라진 것 없이 허송세월을 하고 만다.

조선이 취한 유일한 조치는 일본의 권유에 의한 사절(수신사) 파견이다. 고종은 출발 전 하직 인사를 하러 온 수신사 김기수에게 고생 기간을 줄여 준다고 눈물을 글썽이며 일본의 체류기간 보름을 넘기지 말라고 당부했다.

1차 수신사 김기수의 답답한 태도와 일본에서의 소극적인 행적은 귀국 후 작성한 저술 〈일동기유〉에 잘 나타나 있다. *1차 수신사 파견과 〈일동기유〉의 주요 내용은 졸저 〈한일 근대인물 기행〉 175~178쪽 참조.

3. 긁어 부스럼 된 통상조약 칙허 문제

　에도막부의 통치체제를 확고히 하기 위해 아래로는 다이묘들을 통제하기 위한 '무가제법도', 위로는 천황과 조정을 통제하기 위한 '공가제법도'가 있었다. 공가제법도는 "천황은 경서를 익혀 학문에 힘쓸 것(제1조)", "천황의 공경에 대한 인사권은 막부의 승인 후 시행할 것(제3조)", "사적인 정치 활동 및 공가의 독자적 행위 금지(제4조)" 등을 규율하여 교토에 있는 천황과 공경의 정무 개입은 철저히 금지되어 있었다.
　그러나 개항이라는 외부 충격에 놀란 막부가 그 해법을 위해 각 번에 제안을 요구하며 백화제방처럼 한 번 봇물이 터지자 유력한 다이묘들이 막부 정치에 관해 발언하기 시작하고, 자신을 정당화하기 위해 교토의 천황과 조정을 이용하려는 움직임이 활발해졌다. 특히 그간 막부 정치에서 소외되었던 1등급과 3등급 다이묘들 중에서 국가적 내우외환의 위기를 벗어나기 위해서는 타성에 젖어있는 종전의 막부 정치를 개혁해야 한다는 주장이 일어나고 있었다.

개항 직후의 천황은 30대 중반의 고메이 천황이었다. 그는 군주의식이 있는 데다가 서양세력에 대해서는 알레르기 반응을 일으키는 생래적 양이론자였다. 고메이 천황의 이러한 개인적 특성은 개항이라는 스탠스를 이미 취해버린 막부와 갈등하며 막부 말기 많은 정치적 사건을 유발하게 된다.

이미 유학, 국학, 미토학 및 신도 등 학계와 사상계에서도 "천황과 쇼군과의 관계는 무엇인가?", "천황과 쇼군 중 누가 높은가?" 등에 관한 논의가 있었고, 천황 우위의 존왕론이 조금씩 뿌리를 내려가는 중이라 250년간 철옹성 같던 막부의 정치 독점 체제가 흔들리고 있었다.

| 고메이 천황

막부는 아래로는 일부 행동파 다이묘로부터, 위로는 교토의 천황 및 공경으로부터 위협받기 시작했고, 사회 저변에서는 존왕론을 신봉하는 하급 무사들에 의한 불온한 분위기가 전국으로 확산되고 있었다.

1855년 8월 미일화친조약에 의거 미국 영사 타운센드 해리스가 시모다에 부임했다. 해리스는 "양국이 화친조약을 맺었으니 이제는 제대로 된 통상을 하자"며 통상조약 체결을 막부에 강하게 요구했다. 막부는 이러지도 저러지도 못한 채 시간을 끌고 있었다. 그러자 저변에서는 미국의 압력에 어쩔 줄 모르는 막부의 모습을 비판하며 양이론이 더욱 거세졌다.

해리스는 애로우호 사건(1856)으로 제2차 아편전쟁을 치르는 청나라를 들먹이며 "거칠고 다루기 힘든 영국 함대가 곧 청나라를 정리한 다음 일본에 오면 매우 나쁜 조건으로 그들과 통상조약을 체결할 수밖에 없을 것"이라고 겁을 주었다. 대신 미국과 먼저 통상조약을 맺으면 자신이 나서서 영국과도 좋게 알선하겠노라며 밀당이 계속되던 중 아베가 사망하고 홋타 마사요시가 막부를 이끄는 위치에 올랐다(1857).

난벽 번주였으며 외교국방 담당 로주를 몇 년 역임한 홋타는 세상 물정을 알고 있었다. 이제 세상은 일본 홀로 쇄국하며 사는 것이 불가능한 시대가 되었다는 것과 또 개항에 불만을 가진 존왕양이파가 득실대는 마당에 통상조약 체결을 위해 한 발 더 나아가면 막부가 이들의 엄청난 저항과 반발에 직면하리라는 것도.

홋타는 궁리 끝에 묘수를 생각해 냈다. '천황의 통상조약 허락 칙서가 있으면 존왕양이론자들도 반대할 수 없을 것'이라는 계산이 서자 막부 고위층으로서는 250년 만에 처음으로 교토로 향했다(1858). 그간 막부의 요청을 천황이 거부한 전례가 거의 없었기에 나들이하듯이 교토에 갔다가 천황의 칙허를 얻어 돌아올 생각이었다. 홋타의 엄청난 착각이었다.

에도막부 시대 천황과 공경들의 경제적 지원은 전적으로 막부에 의

존하고 있었다. 막부는 정기적 또는 간헐적 지원을 통해 이들이 큰 경제적 혜택으로 느낄 수밖에 없도록 교토를 관리해 왔다. 수백 년 만의 막부 고위층의 방문에는 당연히 상당한 수준의 선물 보따리가 예상되고 있었다. 천황은 자신도 안 받을 테니 신하들에게도 거부하도록 다짐을 받으며 단단히 각오를 다지고 있었다.

홋타의 도착 후 천황의 칙허가 내려지지 않고 시일이 흐르자 조정에서는 대소란이 벌어졌다. 상급 공경들은 관례대로 막부안을 승인해주자는 파와 존왕양이파로 나뉘어 대립하고, 하급 공경들은 무리 지어 시위를 하였다. 수백 년간의 정치적 동면에서 깨어난 교토에는 전국의 야심가와 행동파가 하나둘 모여들기 시작했다. 교토는 더 이상 천황과 공경들이 시를 읊고 고전이나 논하는 한가한 곳이 아니라 정치도시로 변하고 있었다.

결국, 홋타는 칙허를 얻지 못한 채 몇 달 만에 빈손으로 돌아올 수밖에 없었다. '신의 한 수'라고 생각했던 천황의 칙허는 '긁어 부스럼'을 만든 결과가 되었다. 에도에 돌아온 홋타는 곧 로주에서 파면되었다.

4. 이이 나오스케와 통상조약

　에도에는 또 하나의 큰 현안이 있었다. 쇼군 이에사다는 34세로 젊었지만 병약하여 자식을 볼 가능성이 없다고 판단되어 후계자 문제로 정계가 둘로 갈라져 있었다.
　권력 핵심은 쇼군과 가까운 기슈번(또는 기이번)의 이에모치(12살)를 밀었고, 권력에서 소외된 다이묘들과 막부 개혁파는 요시노부(21세)를 지지했다. 요시노부는 미토번의 도쿠가와 나리아키의 7번째 아들인데 고산쿄의 일원인 히토쓰바시 가문에 양자로 간 건장하고 총명한 청년으로 가문 안팎에서 기대를 모으고 있었다. 그러나 쇼군은 장성한 요시노부보다는 자신의 혈통과 가까운 어린 이에모치를 선호하고 있었다.
　홋타가 중요한 두 현안(후계자 문제와 통상조약 문제)을 매듭짓지 못하자 막부는 중대한 결단을 내렸다. 홋타를 파면하고 기존 로주들과는 체급부터 다른 석고량 30만 석의 히코네번(현 시가현) 번주 이이 나오스케를 다이로로 영입했다. 중대 현안을 타개하려는 막부의 의지였다.

> **로주(老中)와 다이로(大老)**
>
> 국무위원에 해당하는 5~6명의 로주들은 2등급 다이묘 중 석고량 5만 석 내외의 중소형 다이묘를 선발하는 것이 전통이었다. 로주들이 한쪽으로 쏠리지 않도록 대형 다이묘의 진입을 막고 쇼군의 정치력을 최대화하기 위하여 1등급 다이묘를 막부의 정무에 개입시키는 것을 회피해 왔다. 또 막부 통제의 주 대상인 3등급 다이묘는 정무에 개입시키지 않았다.
>
> 다이로는 로주보다 상위의 직책이고 국가에 중대하고 긴급한 현안이 있을 때 임명되는 비상위원장의 성격을 가지고 있는 직책이다.

1858년 4월 다이로에 취임한 나오스케는 두 달 만에 통상조약 체결과 후계자 문제를 일거에 해결했다. 6월 말 미일통상조약은 천황의 칙허 없이 체결해 버렸고 동시에 쇼군의 후계자도 결정하여 이에모치가 그해 제14대 쇼군에 오른다.

| 히코네시 곤키 공원에 있는 이이 나오스케 동상

후계자 문제에서 허를 찔린 나리아키 등 개혁파 다이묘들은 기대가 컸던 요시노부가 탈락한 것이 큰 불만이었지만 이미 차기 쇼군이 결정된 후계자 문제는 막상 거론하기 곤란했다. 차기 태양의 역린을 거스를 수는 없는 법. 따지기에 만만하고 명분도 있는 것이 천황의 칙허 없이 체결한 조약 문제였다. 이들은 이를 집요하게 물고 늘어졌고 연일 에도성에 몰려들어 항의했다.

나오스케는 정면 대응했다. 허가 없이 에도성에 들어왔다며 '무단 등성의 죄'로 이들을 처벌했다. 처벌 대상은 미토번, 에치젠번(현 후쿠이현 일부와 기후현 일부), 오와리번, 히토쓰바시 가문 등이었다. 특히 히토쓰바시 가문의 요시노부는 쇼군 경쟁자로 미운털이 박혀 자신은 물론 생부 나리아키와 동생 미토번주까지 은거 근신처분을 받았다.

나오스케는 한 발 더 나아가 미일통상조약을 모델로 두 달 만에 네덜란드, 러시아, 영국, 프랑스와 통상조약을 잇달아 체결했다(안세이 5개국 조약).

미일수호통상조약의 주요 내용
- 워싱턴에 일본 외교관을 두고 각 항구에 영사를 설치한다. 일본 외교관은 미국에서 자유롭게 여행한다.
- 미국 공사를 에도에 파견하고 무역항에는 영사를 설치한다. 미국 외교관은 일본 정부의 허가를 받아 일본 국내 여행을 할 수 있다.
- 일본과 유럽 국가 간 문제 발생 시 미국 대통령이 중재할 수 있다.
- 기 개항한 항구(하코다테, 시모다) 외에 요코하마와 나가사키(1859), 니가타(1860), **효고(1863)**를 개항한다. 개항지에서 미국인 거주를 허용하고 10리 이내 이동 가능하다.
- 개시(상업활동 가능) 도시는 에도(1862)와 **오사카(1863)**로 하며 상업 목적의 체류는 가능하다.

- 곡물은 승무원 식량용은 판매 가능하나 수출은 금지한다. 아편 수입은 금지한다.
- 일본 화폐와 외국 화폐는 같은 종류와 같은 무게를 기준으로 교환하며, 개항 1년간은 일본 화폐를 사용하는 것이 원칙이다.
- 일본에서의 영사재판권을 인정한다.
- 미국인에게 종교의 자유를 허용하고 거주지에 교회를 설립할 수 있다. 미국인이 신사와 불교 사원을 모독하거나 훼손하는 것은 금지되며, 일본 정부가 후미에를 사용하는 것은 금지된다.

> **후미에**
> 에도 시대 막부가 기리시탄을 색출하기 위해 사용한 목조판 또는 금속제의 판. 예수나 성모 마리아상이 새겨진 판을 밟도록 하여 동요하는 기색을 보이거나 밟지 않으면 기리시탄으로 간주해 체포하였다.

전광석화 같은 이이 나오스케의 조치에 큰 불만을 가진 또 하나의 세력이 있었다. 바로 교토의 천황과 공경들이었다.

서양인들을 싫어한 천황은 통상조약의 체결로 인해 교토와 가까운 효고(현 고베)와 오사카가 추가 개항지와 서양인의 상업 활동지로 선정되자 알레르기 반응을 보였다. 게다가 통상조약의 칙허를 얻으러 온 훗타 마시요시를 한 번 퇴짜 놓았으니, '막부에서 같은 요청이 또 오면 끝까지 거부할까? 아니면 처음에는 거부하다가 적당한 조건을 붙여 마지못해 허락을 해줄까?' 행복한(?) 고민을 하고 있었는데 그런 기회조차 주어지지 않은 현실에 천황과 공경들은 분노했다.

1858년 8월 고메이 천황은 쇼군 이에사다의 사망 즈음에 막부의 정치개혁을 희망하는 조칙을 막부 몰래 미토번에 내렸다. 무오년에 몰래 내려진 조칙이라서 무오밀칙이라고 한다.

> **무오밀칙 핵심 내용**
> - 천황의 칙허 없이 체결된 수호통상조약은 유감이다.
> - 막부가 나리아키 등을 처벌한 죄상은 불명확하다.
> - 내우외환을 맞아 여러 다이묘들이 상의해 국정 안정에 노력하라.

5. 안세이 대옥과 사쿠라다문 밖의 변

에도막부 체제의 근간은
1) 정치에 관여하지 못하는 형식적 권위의 천황,
2) 번 내정에 자치권을 가지되 중앙 정치에는 관여하지 못하는 다이묘,
3) 이를 전제로 중앙 정치는 쇼군과 가신들이 전권을 행사하는 통치체제다.

따라서 막부 몰래 천황과 다이묘가 접촉하는 것 자체가 큰 문제였다. 더구나 밀칙의 내용이 막부가 이미 취한 조치에 비판적이고, 국정을 다이묘들보고 상의하라는 것은 막부 입장에서 볼 때 수백 년간의 통치체제를 무너뜨리는 국사범죄였다.

무오밀칙을 알게 된 막부의 조치로 100명 이상이 숙청되는 에도 시대 최대의 정변 안세이 대옥(1858~1859)이 일어난다. 나오스케는 철저히 조사해 관련자들을 엄중하게 처벌했다. 안세이 대옥으로 처벌받는 무사들에게는 명예형인 할복조차도 허용하지 않고 포로에게나 적

용되는 참수형으로 처단할 정도로 막부와 나오스케의 분노는 극에 달했다.

조사 결과 도쿠가와 나리아키의 미토번, 쇼군 후계자 경쟁을 벌였던 히토쓰바시 가문이 배후로 확인되어 처벌을 받았고(나리아키는 영구 칩거 처분을 받아 에도에 돌아가지 못하고 1860년 미토번에서 사망한다), 조슈번의 요시다 쇼인 등 극렬한 존왕양이론자들이 대거 숙청되었다.

막부 말기의 4현후(현명한 네 다이묘)로 손꼽혔던 도사번의 야마우치 도요시게(흔히 '요도공'으로 불렸다), 후쿠이번의 마쓰다이라 요시나가(흔히 '마쓰다이라 슌가쿠'로 불렸다), 우와지마번의 다테 무네나리, 사쓰마번의 시마즈 나리아키라도 근신 처분을 받았다. 막부는 교토에 대해서도 12명의 조정 신하에 대한 징계처분을 권고하였다.

쾌도난마와 같은 솜씨로 두 난제를 해결하고 무오밀칙을 빌미로 2년에 걸쳐 대대적인 반대파 숙청에 성공한 다이로 이이 나오스케의 권력은 하늘 높은 줄 몰랐고 흔들렸던 막부의 권위는 되살아나는 듯했다.

누르면 누를수록 반발도 커지는 법이다.

천황을 무시했다는 약점과 수많은 존왕양이 지사들을 처절하게 숙청한 점은 막부에 대한 반발을 불러왔다. 전·현 번주가 처벌되고 많은 가신들이 처형된 미토번이 크게 반발했다. 특히 무오밀칙을 막부에 넘기라고 한 막부의 요구에 대해 막부 인계를 거부하는 강경파(이들은 결국 존왕양이 지사가 된다)들은 행동에 옮기게 된다.

| 사쿠라다문 밖의 변을 묘사한 우키요에(목판화)

　1860년 3월 24일 막부의 정례적인 로주 회의가 있는 날, 새벽부터 때아닌 폭설이 내렸다. 18인의 낭인(소속이 불문명한 무사)이 에도성 남쪽 사쿠라다문 밖에 도착해 매복했다.

　나오스케의 가신들은 처벌받은 번들이 다이로 암살을 계획한다는 소문이 있는 데다가 폭설로 경호의 어려움이 예상되자 주군의 에도성 출근을 만류했다. 그러나 나오스케는 "그깟 소문 따위에 등성을 못 할 정도라면 어찌 막부를 이끌고 나갈 수 있겠는가? 그리고 제깟 것들이 어딜 감히…"라고 가볍게 생각해 만류를 뿌리치고 출근길에 올랐다.

　오전 9시경 다이로 행렬이 서서히 모습을 드러냈다. 잠시 후 눈 속에서 튀어나온 자객들이 다이로 행렬을 덮쳤다. 긴급 상황에 호위무사들은 제대로 힘을 쓰지 못했다. 폭설에 시계 확보가 불량한 데다 눈에 젖지 않게 칼집과 손잡이를 헝겊으로 덮어서 칼을 빼는데 시간이 걸린 탓에 대부분 선공을 당했다. 30분간의 혈투 끝에 호위무사들이 쓰러진 후 다이로의 가마에 수십 개의 칼이 꽂혔다. 이어 자객들은 숨이 겨우 붙어있는 다이로를 끌어내 목을 베었다.

백주 대낮에 다이로가 살해되었다는 소식에 온 세상이 놀랐다. 그야말로 경천동지할 일이었다. 천황마저 제치고 무력의 위세로 만들어진 정권이 바로 막부 아닌가? 무위의 천하대장군 쇼군을 대신하는 막부 2인자의 목이 미토번 출신이 대부분인 무명 낭인의 칼날에 날아가 버렸다.

나오스케의 시신에는 하늘을 대신해 천벌을 주었다는 덴추(天誅)를 주장하는 쪽지가 붙어 있었다. 이후 일본 정국은 메이지유신 시대까지 반대파에 대한 수많은 암살이 자행되었으며, 암살자들은 자신들의 행위를 덴추라고 정당화하는 일이 대유행처럼 번지게 된다.

사쿠라다문 밖의 변은 도쿠가와 정권 에도막부의 신화와 권위가 단번에 무너지는 상징이었다. 이후 막부에서는 어느 누구도 강력한 통치력을 발휘하거나 소신 있게 정책을 추진할 수 없게 된다.

2장

◆

흔들리는 막부와 막부 개혁

1. 막부 개혁의 방법론

1) 존왕양이론

지배적 학문이 된 국학과 19세기 중반 확산된 미토학의 영향으로 '일본은 신국이며 천황가는 아마테라스의 후손으로서 만세일계로 황통이 이어졌다'는 믿음을 가진 사람들, 즉 존왕파가 많아졌다. 이들은 천황으로부터 대정(통치권)을 위임받은 쇼군이 천황을 수백 년간 홀대하는 것에 불만을 품고 있던 차에 막부가 천황의 칙허 없이 개항을 하자 크게 반발한다.

쇼군(將軍)의 정식 명칭 세이이다이쇼군(征夷大將軍)이 의미하듯 쇼군은 기본적으로 오랑캐(夷)를 정벌하는 임무를 내포하고 있다. 그럼에도 불구하고 쇼군이 개항을 통해 서양오랑캐를 받아들이다니…. 이들은 서양인에게 신국 일본이 더럽힘을 당할 수 없다며 막부의 정책에 반대하며 맹렬한 양이론자가 된다. 결국 별개의 개념이었던 존왕론(尊王論)과 양이론(攘夷論)을 주장하는 주체가 동일해지면서 이들을 존왕양이론자 또는 존왕양이파라고 불렀다.

무오밀칙으로 천황이 막부의 개혁을 촉구하자 이들은 막부를 개혁하는 방법으로 수백 년간 정무에서 제외하고 홀대한 천황을 막부가 존중하면서 중요한 정무에 대하여는 천황의 칙허나 가이드 라인을 받아 막부가 정치를 하기를 희망했다. 따라서 이들은 천황의 칙허 없는 통상조약은 무효이기에 서양오랑캐들을 일본에서 강제로 축출해야 한다(破約攘夷)고 주장했다.

이런 주장을 행동으로 옮기는 강경파들이 등장했는데 이들을 존왕양이 '지사(志士)'라고 불렀다. 지사들은 한발 더 나아가 천황의 왕정복고를 위해 '토막(討幕, 막부 토벌 또는 막부 타도)'을 주장하며 막부 고위인사나 서양인, 서양공관에 대한 테러를 일삼곤 했다.

막부 말기 존왕양이론은 전국으로 확산되었다. 존왕양이론은 공식 교육기관인 번교에서 교육을 한 곳도 있지만, 국학자의 주쿠(학원), 신사, 자발적인 스터디 그룹과 비밀결사 등을 통해 퍼져 나가며 하급 무사들을 정신적으로 세뇌시키고 뭉치게 만들었다.

막부를 타도하고 메이지유신을 성공시킨 서남웅번만 보더라도 쇼카손주쿠(조슈번), 비밀결사 정충조(사쓰마번)와 도사근왕당(도사번), 의제동맹(사가번) 등을 통해 정의감에 불타는 피 끓는 젊은 사무라이들을 존왕양이론으로 단합시켰다. 대표적으로 왕성한 활동을 한 조슈번의 존왕양이 지사들을 살펴보자.

조슈번의 문장과 역사적 배경

센고쿠다이묘로 우뚝 선 모리 모토나리(1497~1571)는 정실로부터 얻은 세 아들 중 장남 모리 다카모토에게, 장남이 죽자 장손 데루모토에게 당주를 계승시켰다. 차남 모토하루와 3남 다카카게를 각각 경쟁자인 깃카와(吉川) 가문과 수군으로 유명한 고바야카와(小早川) 가문에 양자로 보내, 두 아들을 통해 양쪽 가문을 장악하여 모리 가문의 울타리로 만들었다. 양가의 가문 이름에 '川' 자가 들어 있기에 이를 '모리 료센(兩川) 체제'라 한다. 세키가하라 전투 시 동군에 내응하여 모리가를 존속시킨 공을 세운 깃카와 히로이에는 모토하루의 아들이다.

모토나리는 말년에 세 아들을 불러 유명한 화살 3개의 교훈을 남겼다. 세 아들에게 화살 하나씩 주어 부러뜨려 보게 한 다음, 3개를 묶으면 부러지지 않는다는 사실을 깨우쳐 주고 세 형제간의 결속을 당부하였다.

| 조슈번의 상징인 '1문자3성(一文字三星)' 가문(家紋). 1문자는 화살의 교훈이 준 가문 통합을, 3성은 3형제를 상징한다고 한다.

모토나리가 후손들에게 "판도의 보전만 바라고 천하를 도모하지 말라"는 유시를 남겼으나, 이를 어긴 모리 데루모토는 세키가하라 전투 패전 후 영지 몰취 및 가문 폐절의 위기를 겨우 넘기고 석고량이 대폭 축소된 채 조슈번의 시골 하기로 쫓겨 내려왔다. 하기시는 지금도 인구 4만 명 정도의 소도시로서 신칸센이나 고속도로가 지나지 않아 교통이 매우 안 좋은 곳이다.

패전 후 데루모토는 사죄와 가문 존속에 대한 감사 인사를 위해 도쿠가와 이에야스를 찾았다. 쫓겨갈 조슈번의 도읍지로 그나마 산요의 번성한 도시인 호후 또는 야마구치를 원했지만 이에야스 측은 조슈번의 가장 북쪽 시골(동해와 맞닿아 있다)인 하기로 지정했다. 혼슈의 서쪽 지역을 가로지르는 산맥의 남쪽은 산요(山陽)지역이라 하여 물산이 풍부하고 교통이 편리한 반면, 동해에 인접한 산맥의 북쪽 산인(山陰)지역은 평지가 넓지 않고 교통이 매우 불편한 곳이다. 모리가문의 도움을 산인지역으로 쫓아낸 것은 주변과 연합하거나 막부에 대항하는 것이 불가능할 정도로 유배 보낸 것과 마찬가지였다.

이후 모리 가문의 신년 인사에는 가신들이 "주군, 금년에는 막부를 쳐야 하지 않겠습니까?", 주군은 "아직 때가 아니다"라는 대화가 매년 반복되었다고 한다.

요시다 쇼인과 제자들

막부 말기 대표적 존왕양이론자로 꼽히고, 메이지 유신기까지 큰 영향을 미쳤던 조슈번의 요시다 쇼인(1830~1859)에 대해 간단히 알아보자.

스기 가문에서 태어난 쇼인은 6살에 양자로 간 요시다 가문의 양부가 사망하자 번교 명륜관의 병학 사범이라는 가직을 승계했다. 성리학, 양명학, 국학을 바탕으로 병학을 공부하면서 10세에 번주 모리 다카치카 앞에서 병학 강의를 한 후 번주의 총애로 이후 4번에 걸친 장기 외유의 특혜를 받는다. 에도 시대 허가 없이 번을 벗어나는 행위는 요즈음의 탈영에 해당하는 탈번죄의 중죄로 처벌받았기에 백성들에게 번은 곧 국가였다.

첫 번째 외유 중 나가사키에서 서양인들과 접촉하며 서양학문의 필요성과 야이자와 야스시의 〈신론〉을 접하며 충격을 느꼈다. 북쪽 지역의 해방(해양 방비) 상황을 확인하기 위한 두 번째 외유에서 미토번을 방문해 야이자와 야스시를 만나 학문적 가르침을 청함은 물론 번교 교수 등 학자들과 수차에 걸친 학문적 토론을 벌였다. 이 과정에서 국학 지식의 부족함을 깨달은 쇼인은 이후 〈일본서기〉 등 육국사를 공부하여 통달하게 된다. 우리나라에서 그는 대표적 정한론자로 소개되지만, 국학의 영향을 받은 신지식인들이 일본에 득실대던 시절 그는 그중 일원에 불과할 뿐이다.

에도의 사쿠마 쇼잔 주쿠에서 서양학을 공부하던 중 페리 함대가 미일화친조약의 세칙 협상을 위해 시모다 해안에 정박하고 있는 것을 확인한 쇼인은 스승과 상의한 후 쪽배를 타고 페리 함대에 승선해 미국 유학의 취지를 영어 편지로 설명했지만 정중하게 거절당했다. 밤사이에 일어난 일이라서 쇼인만 조용하면 문제가 되지 않을 일이었지만, 쇼인이 막부에 자수하며 큰 사달로 돌변했다.

당시 일본은 해금(쇄국)정책이 엄격해 외국인이 국내로 들어오는 것과 일본인이 외국에 나가는 것을 엄금하고 있었다. 당연히 사형에 처해질 사안이었지만 이미 서양학의 1인자로 이름난 스승 사쿠마 쇼잔이 관련되었기에 막부도 그럴 수는 없었다. 자수한 쇼인에게 막부는 몇 개월 조사 후 조슈번에 이송하며 유폐처분을 내렸다. 조슈번은 번 감옥에 수감했다가 그의 몸 상태가 나빠지자 생가로 거처를 옮기도록 했다. 번주의 배려였다.

번에서 가택연금(쇼인은 자신의 방을 '유수실(幽囚室)'로 이름 붙였다)은 했지만 학생을 가르치는 것까지 막지는 않았다. 가택연금이 해제되자 숙부가 세웠던 쇼카손주쿠를 인수해 본격적으로 제자들을 가르쳤다. 다다미 9장(4평 반)에서 시작한 쇼카손주쿠는 얼마 되지 않아 확장 공사를 해야 할 정도로 제자들이 몰려들었다.

쇼인은 약 2년에 걸쳐 혼신을 다해 제자 92명을 키워냈다. 쇼카손주쿠의 쌍벽으로 일컬어지는 다카스기 신사쿠, 구사카 겐즈이 등 토막운동의 리더들, 그리고 이토 히로부미(총리 4회 역임), 야마가타 아리토모(육군 원수, 총리 2회 역임) 등 후일 막부를 타도하고 메이지 정부의 수상, 대신과 고위 장성이 되는 수많은 고위직들이 여기서 배출된다. 참고로 쇼카손주쿠에서의 수학 경험은 없지만 유신 3걸로 불리는 기도 다카요시(내무경·문부경 역임)도 그가 명륜관에서 가르친 제자다.

| 쇼카손주쿠 안에 걸려있는 요시다 쇼인과 주요 제자들 사진. 상단 중앙에 스승 요시다 쇼인이 있고 상단 좌측부터 구사카 겐즈이와 다카스기 신사쿠, 우측 끝에 유신 3걸인 기도 다카요시가 보인다. 중단 우측 끝이 이토 히로부미, 그 옆이 야마가타 아리토모다. 총리대신을 수차 역임한 이토와 야마가타는 쇼인의 제자들 중 서열이 낮았다.

안세이 대옥을 일으킨 다이로 이이 나오스케의 오른팔 격인 로주의 암살을 쇼인이 추진하는 것을 알게 된 조슈번에서 보호 및 예방 차원에서 그를 재수감했다. 얼마 후 막부의 호송명령이 떨어졌다. 안세이 대옥으로 막부에 체포된 존왕양이 지사가 쇼인을 만났다는 진술을 했기 때문이었다.

쇼인은 에도의 평정소 봉행(심문 및 재판소장)에게 막부의 정치를 비판한 후 로주의 암살을 추진했었다고 먼저 자백하는 바람에 사형명령을 받았다. 불꽃 같은 생을 참수형으로 마감한 그의 나이 당시 29세였다(1859).

무오밀칙 관련자를 처벌한 안세이 대옥에서 쇼인은 사실 엉뚱한 희생자였다. 시신을 수습하고 장례식을 치른 제자들은 스승의 복수를 위해 또 스승의 가르침을 실행하겠다는 집념으로 후일 삿초동맹을 이루어 막부를 타도하고, 왕정복고 쿠데타로 메이지 신정부를 출범시킨다. 이렇게 보면 토막과 메이지유신은 이이 나오스케가 휘두른 안세이 대옥의 나비효과로 볼 수 있지 않을까?

> **다카스기 신사쿠가 중신에게 보낸 편지**
>
> 쇼인의 수제자였던 다카스기 신사쿠는 스승의 장례를 치른 후 조슈번의 중신 스후 마사노스케에게 보낸 편지에서 "쇼인 선생께서 결국 막부에 의해 참수되었다고 합니다(신사쿠는 에도에 없었기에 시신 수습과 가매장 현장에는 참여하지 못하고, 후일 이장하면서 정식 장례식에 참여한다). 이는 우리 번의 치욕이고 입 밖에 내는 것조차 부끄러운 일입니다. 실로 우리들은 자제의 정을 맺은 것과 같으니 적(막부)

에게 원수를 갚지 않고는 마음이 편할 날이 없습니다"라며 비통한 심정과 막부에 대한 적대감을 표현했다. 에도 시대 참수형은 사무라이에게는 치욕으로 받아들여졌다.

그런데 아직 궁금한 게 남아 있다. 도대체 그의 교육이 어떠했길래 쇼인의 사후에도 제자들을 계속 추동시켜 막부 타도를 향해 돌진하게 만들었을까? 어떤 메시지와 에너지를 제자들에게 전달했을까?

그는 흔히 알려진 바와 같은 단순한 존왕양이론자가 아니었다. 서세동점의 시기 일본이 처한 위기를 벗어나기 위해 그는 신분 차별 없이 받아들인 제자들에게 주자학, 양명학은 물론 국학과 미토학에서부터 병학, 서양학, 최신 산업과 세계 정세 등 시사를 포함한 다양한 분야를 토론식으로 가르쳤다.

그의 메시지를 한마디로 압축하면 '부국강병을 위한 화혼양재(和魂洋才)'다. 화혼양재란 '일본의 혼(정신)을 중심으로 서양의 재주(기술)를 입힌다'는 뜻이다. 그가 존왕양이론자였으면서도 미국 유학을 시도한 이유가 바로 여기에 있다.

신분을 가리지 않고 받은 제자들에게 그는 인생을 대하는 태도로서 입지론(立志論)을 역설했다. 사무라이로서 뜻을 세우는 것이 가장 중요하고, 뜻을 세웠으면 지성(至誠)으로 이를 실천해 나아가야 한다고 강조했다. 언제까지?

사이후이(死而後已). 죽어서야 멈춘다는 뜻이니 죽을 때까지다. 쇼인은 말이 아닌 행동으로 죽는 순간까지 제자들에게 강렬한 가르침을 주고 짧은 일생을 마쳤다.

2) 공무합체론

 개혁적 다이묘들 중 막부가 이미 개항을 한 마당에 양이를 주장하는 것은 현실적으로 불가능하다고 보고, 대신 종전과 같은 막부만의 독점 정치를 지양하고 조정과 협력해 내우외환의 위기를 극복해야 한다고 주장하는 세력이 등장했다. 대표적으로 사쓰마번의 시마즈 나리아키라와 후쿠이번의 마쓰다이라 슌가쿠 같은 다이묘가 이에 해당한다.

 공가(公家)를 상징하는 천황과 무가(武家)의 우두머리 쇼군이 서로 한 몸처럼 합쳐 협력해야 한다는 뜻에서 이들의 주장을 공무합체론(公武合體論)이라 한다. 공무합체론자들도 어느 정도 존왕론의 입장에 서지만 막부가 이미 시행한 개항 조치를 수용한다는 점에서 존왕양이론자들과 차이가 있었다. 또 막부의 개혁을 주장하면서 막부의 존재 자체는 부정하지 않는 것이 토막을 주장하는 과격한 존왕양이 지사들과의 큰 차이점이다.

 냉철하게 보면 공무합체파는 당시 일본이 처한 상황을 감안할 때 상당히 현실적인 개혁 방안이었지만 다수의 존왕양이파, 특히 강경한 존왕양이 지사들로부터 매도당하고 있었다.

 사쓰마번의 시마즈 가문을 살펴보면 공무합체론과 이에 입각한 막부의 개혁에 관하여 좀 더 깊은 이해를 할 수 있다.

 42세가 되어서야 사쓰마번의 제11대 번주로 취임한 시마즈 나리아키라(1809~1858)는 늦도록 후계자 지정을 받지 못했는데, 일찍부터 난학에 흥미를 가졌던 게 결정적이었다. 쇼군의 장인이자 난벽이 있었던 증조부를 닮은 나리아키라가 번 재정을 탕진할까 봐 부친은 일부 가신들과 함께 염려했다.

> **대표적 난벽 번주 시마즈 시게히데**
>
> 나리아키라의 증조부 시게히데(1745~1833)는 어려서부터 교토의 공경 가문 출신의 할머니로부터 귀족적인 교육을 받아서 고급 문화를 즐기고 난벽이 심했다. 그의 딸이 고산쿄 히토쓰바시가에 시집을 갔는데 남편이 나중 11대 쇼군 이에나리가 되면서 시게히데는 졸지에 쇼군의 장인이 되었다. 난벽으로 방만한 재정에 쇼군의 장인으로서 품위 유지를 위한 지출이 더해져 재정이 파탄났다. 아들이 번주로서 재정긴축을 시도하자 쇼군의 장인 체면 운운하면서 아들을 강제 은거시켰다. 손자(나리아키라의 아버지)가 집권한 후 상당한 세월이 흘러 시게히데의 힘이 빠질 때가 되어서야 비로소 오랜 재정긴축과 함께 해외무역 및 화폐주조를 통해 흑자 재정을 꾸릴 수 있었다.

부친이 이복동생 시마즈 히사미쓰를 후계자로 점찍는 눈치였기에 가신들도 나리아키라파와 히사미쓰파로 나뉘어 있었다.

히사미쓰를 옹립하려는 움직임이 있자 나리아키라의 측근들이 히사미쓰와 생모의 암살을 추진하다가 정보가 누설되어 주모자 13명이 할복하고 약 50명이 처벌받는 사태가 벌어졌다. 후일 유신 3걸이 되는 사이고 다카모리와 오쿠보 도시미치의 부친들은 나라아키라의 가신이라서 이때 처벌받았다. 부친이 유배된 오쿠보는 사이고의 집으로 와서 사이고의 형제들과 함께 굶주린 배를 채우기도 했다. 그러나 막부의 로주 아베 마사히로 등이 사태 수습에 나서 아버지가 물러나고 나리아키라가 번주로 등극했다(1851).

나리아키라는 번주로 취임하자 주변의 우려를 불식하고 번의 부국강병과 식산흥업(산업진흥)에 전념했다. 서양식 조선소에서 서양식 군함을 건조하고, 대포를 만들기 위한 반사로를 건설했다. 근대식 공업단지에 해당하는 제조 허브인 집성관(集成館 슈세이칸)을 만들어 방직공장, 도자기, 유리, 제약, 설탕공장 등 각종 산업을 일으켰다.

| 가고시마시 데루쿠니 신사에 있는 시마즈 나리아키라 동상

남다른 안목으로 하급 무사 출신의 사이고 다카모리와 오쿠보 도시미치(이 둘은 후일 '유신 3걸'로 불린다) 등 인재를 발굴하고 미국에서 생활한 존 만지로를 활용해 서양식 군함을 만들어 막부에 헌상하기도 했다.

> **존 만지로(1827~1898)**
>
> 도사번 출신의 나카하마 만지로(귀국 후 존 만지로로 불렸다)는 14세에 고기잡이 나갔다가 태평양의 무인도에 표류하여 미국 포경선 존 하울랜드(John Howland)호에 구출되었다. 선장의 도움으로 미국에 간 만지로는 미국에서 영어, 수학 등 정규 교육과 항해전문학교에서 항해술, 조선술 등을 익혔다. 그는 선박의 부선장으로 근무했으며, 골드러시가 한창인 캘리포니아의 금광 채굴에 뛰어들기도 했다. 여기서 번 돈으로 배를 구입하여 1851년 귀국길에 올랐다. 일단 류큐왕국에 먼저 도착했으나 류큐는 사쓰마번의 속국이었기에 만지로는 사쓰마번 관리로부터 조사를

수개월 받은 후 가고시마로 넘겨졌다.

서구 정보에 목말라 하는 사쓰마번주 나리아키라는 그에게 각별한 관심을 표명했으며 일행에게 저택을 제공하여 초빙객으로 대우했다. 나리아키라는 그를 여러 차례 만났으며, 특히 그의 항해사 경력과 조선 기술에 관심을 가지고 선박 기술자들을 그에게 보내 서양 범선을 만들게 했다. 이 배를 모델로 기술적 완성도는 매우 낮았지만 일본이 건조한 최초의 증기선이 만들어졌다.

그가 사쓰마번의 양학교에서 영어를 가르치던 중 막부 직할 나가사키 봉행소에서의 취조가 시작되었으며, 소식을 들은 고향 도사번의 번주 요도공이 일행을 도사번에서 인수하고 싶다고 전해왔다. 도사번에서 만지로를 심문하며 심문관이 만지로와의 대화와 질의응답을 통해 그의 미국 표류기 〈표선기략〉을 만들었다. 이후 만지로는 도사번의 번교 교수관에 취임하여 영어 등을 지도한다.

페리 함대 내항 시 막부의 통역으로 아베 마사히로를 접견하여 미국은 관대한 나라라서 침략 의도는 없다면서 "미국의 개항 요구를 받아들이되 통상은 안 해도 된다"는 조언을 했다. 이를 막부가 채택했으며 이 공적으로 그는 하타모토 계급으로 승진하였다.

1860년 미일수호통상조약 비준서 교환을 위한 견미사절단에 포함되어 간닌마루호를 타고 미국에 다시 갔다가 귀국 후 도쿄대학의 전신인 개성학교의 교수에 임명되었다. 일본 최초의 영어회화 책자를 만들고 〈미국 항해술 개설〉을 번역하는 등 여러 기술서적을 번역하고, 통역, 강연 등 서구화가 절실한 일본에서 그 접점과 연결고리 역할을 수행하였다.

나리아키라는 막부 말기의 4현후 *4현후에 관하여는 105쪽 참조 는 물론 미토번의 도쿠가와 나리아키, 수석로주 아베 마사히로 등과의 오랜 교류를 바탕으로 막부의 개혁을 호소하며, 막부가 나아가야 할 길로 공무합체론을 강력하게 주장했다. 또 양녀를 쇼군 이에사다와 결혼시켜 쇼군 후계자로 요시노부를 은밀하게 밀기도 했다.

쇼군 후계자가 기슈번의 이에모치로 결정되자 막부의 개혁이 불가능하다고 본 나리아키라는 막부의 결정에 항의하기 위해 병사 5천 명과 함께 교토에 상경하려고 1858년 7월 출병 준비를 하던 중 갑자기 사망했다.

나리아키라는 죽기 직전 이복동생 히사미쓰의 아들을 양자로 들였다. 어린 아들이 번주가 되자 생부 히사미쓰는 대원군처럼 사쓰마번의 실권을 쥐게 된다.

쇼군가와 두 번씩이나 사돈을 맺은 시마즈 가문의 입장에서 막부의 개혁 방법으로 존왕양이론보다 공무합체론 쪽에 서는 것이 훨씬 자연스러운 일이 아니었을까?

3) 공의정체론

존왕양이론자나 공무합체론자나 종전과 같은 막부 독점의 독단적 정치체제는 잘못이라고 주장하고 있었다. 막부 개혁의 정도와 방법에 차이는 있었지만, 막부의 개혁을 주장하는 이들에게 공통분모가 있었다.

첫째는 쇼군의 정치를 보좌하는 로주를 2등급 다이묘에 한정하는 것은 잘못되었다는 것이다. 1등급 다이묘나 3등급 다이묘 중에서도 개혁적이고 역량이 뛰어난 다이묘가 상당한데 이들을 막부의 정치에서 배제하는 전통은 시급히 고쳐져야 한다는 주장이다. 이들은 한발 더 나아가 기존의 로주들 외에 현명한 여러 다이묘들의 자문을 받아야 막부의 정치가 올바른 길로 들어설 수 있다고 주장했다. 즉, 밀폐된 막부 밖의 현명한 여론이 바로 공의(公議)인바 공의에 의해 중앙 정치가 바로잡혀야 한다는 것이다.

또 하나는 천황을 중심으로 하는 교토의 조정과 쇼군을 중심으로 하는 에도의 막부, 이 두 개의 정부를 통일화하거나 협조 체제를 강화해야 한다는 것이다. 조슈번의 모리 다카치카나 후쿠이번의 마쓰다이라 슌가쿠 등은 양이를 주장하는 조정과 개항을 확대시키려는 막부, 반대 방향으로 달려가는 이 두 정부의 수장이 만나 빨리 국시를 통일하고 향후의 협조 체제를 강화하는 방향으로 나아가야 일본 전체의 혼란을 막을 수 있다고 주장하였다.

결국 막부의 정치 독점체제를 허물어 바깥의 유능하다고 검증된 여러 다이묘들을 막부의 정치에 참여시키고, 조정과의 협조 체제를 강화해야 한다는 것이 핵심인 바 이를 일본 근대사에서 공의정체론이라고 한다.

후술하는 시마즈 히사미쓰의 솔병상경의 성과인 분큐 개혁(1862)으로 신설된 쇼군후견직과 정사총재직에 현명한 1등급 다이묘(도쿠가와 요시노부, 마쓰다이라 슌가쿠)를 앉히며 막부는 공의정체를 부분적으로 시도한다.

8.18 정변 후 조정이 조의참예로 임명한 유력 다이묘들(1등급 다

이모 3인, 3등급 다이묘 3인)과의 국정 협의를 위해 만든 참예회의(1864), 조슈번의 처리와 효고항 개항 문제를 타결하기 위해 사쓰마번 주도로 개최된 4후회의(1867, 1등급 다이묘 1인, 3등급 다이묘 3인) 등은 공의정체론이 막부 말기 현실 정치에서 시도된 편린들이다.

후일 메이지 신정부가 '왕정복고의 대호령'이나 '5개조 서문'에서 공의정치를 신정부 방침으로 천명하고, 여러 시행착오 끝에 결국 헌법에 의한 의회가 결성됨으로써(1890) 공의정체론은 결실을 맺게 된다. 그런 의미에서 막부 말 논의된 막부 개혁의 여러 방법론 중에서 공의정체론은 시대를 초월해 생명력을 가진, 여론정치가 주효한 오늘날까지도 유효한 담론이라고 볼 수 있다.

중앙 정치의 개혁을 위해 여러 현명한 다이묘들이 다양한 개혁 방안을 제시하고, 일개 다이묘가 글로벌한 식견을 가지고 사쓰마를 웅번으로 만들어가는 리더십을 발휘하는 시기(1850년대), 조선은 안동 김씨들이 강화도에서 농사짓고 있던 일자무식 이원범을 왕(철종)으로 옹립한 후 자신들만의 벼슬 놀이인 세도정치가 한창이었다. 매관매직과 삼정의 문란으로 백성들의 원성은 하늘을 찔렀고 조선 왕조는 기둥과 대들보가 썩어가고 있었다.

이 시기의 역사를 들여다보면서 한국과 일본을 비교해 보면 리더십의 중요성을 새삼 절감하게 된다.

2. 솔병상경과 분큐 개혁

1) 삿초 경쟁의 시작

　삿초(사쓰마번과 조슈번)의 번주들은 3등급 다이묘지만 서로 다른 점이 훨씬 많았다. 우선 에도막부 출범 시 영지가 크게 감축된 조슈에 비해 사쓰마는 영지가 그대로 보존되었고, 막부에 피해의식이 있는 조슈에 비해 막부와 사돈 관계를 맺은 사쓰마였기에 두 번의 막부에 대한 심정적 온도 차가 매우 컸다.

　두 번째는 경제 규모와 정책 방향에서도 큰 차이가 있었다.

　조슈의 석고량은 37만 석으로 큰 편에 속했으며, 세토 내해(세토나이카이)를 중심으로 이루어지던 일본 대내무역의 중심지이고 시모노세키라는 관문을 가지고 있었다. 이런 지리적 이점을 활용해 조슈는 막부의 감시를 피해 대내 밀무역으로 상당한 부를 축적하고 있었다.

| 현대의 일본 지도와 세토나이카이(세토 내해)

    사쓰마의 석고량은 72만 석으로 조슈의 2배 정도로 엄청났으며, 대표적인 개명 영주였던 시마즈 나리아키라는 개항을 통한 근대화에 일찍 눈을 뜬 개혁파로서 막부가 추진하는 개항 정책을 지지했다. 사쓰마는 에도막부 초기 류큐왕국(현 오키나와)을 속방으로 만든 후 류큐를 중개지로 한 국제무역에 진심이었으며 이 과정에서 밀무역으로 큰 부를 축적하고 있었다.

    나리아키라는 개항을 통한 국제무역의 확대가 대세라고 확신하고 막부가 통제하는 개항지에서의 무역권을 선점하는 것이 중요하다고 판단했다.

    전국에 있는 번들 특히 3등급 다이묘들을 중심으로 하급 사무라이들에게는 광범위하게 존왕양이론이 확산되어 있었다. 조슈번은 당연히 그 중심에 있었으나 1861년 뜻밖에도 번주가 번 정책을 대전환한다.

번주로 하여금 정책을 바꾸게 한 인물은 조슈번 최고의 천재로 불렸던 나가이 우타였다. 우타는 서양의 항해술을 배워 아예 먼 해외에 진출해 무역의 선점을 통한 부국강병을 추구해야 한다며(항해원략책), 그해 11월 번주와 함께 교토로 가서 건백서를 제출했다. 항해원략책이 조정의 공론으로 채택되자 조슈번주는 이를 바탕으로 조정으로부터 공무 주선(公武周旋, 조정과 막부의 중재 알선)의 밀칙을 받는다.

사쿠라다문 밖의 변 이후 막부는 조정의 눈치를 볼 수밖에 없었는데 양이를 주장하던 조정이 항해원략책을 채택하자 막부는 환호했다. 조정과 막부의 화해 분위기는 쇼군 이에모치와 천황 여동생의 결혼(1862.2)으로 절정에 이르렀다.

그러나 쇼군가와 천황가의 결혼이 공무합체의 완성이라고 믿고 추진하던 로주가 미토번의 존왕양이 지사들에 의해 피습되어 로주에서 해임되면서(1862.6) 분위기가 바뀌었다. 보호막이 없어진 나가이 우타는 존왕양이파의 공격으로 실각하고 다음 해 번주가 할복명령을 내린다.

효고항(현 고베항)의 개항예정일(1863.1.1)을 6개월 앞둔 1862년 7월 천황의 양이에 대한 확고한 의향을 확인한 조슈번주 모리 다카치카는 교토의 번저에서 긴급회의를 개최하여 천황의 의향을 따르는 형식으로 파약양이(破約攘夷) 방침을 정했다. '조약을 파기하고 양이를 실행하겠다'는 뜻이다. 정책 전환에 큰 역할을 한 인물은 기도 다카요시, 구사카 겐즈이 등 요시다 쇼인의 제자들이었다. 조슈번의 번정은 다시 강경한 존왕양이파가 집권했다.

한편 형의 사망으로 사쓰마번의 실권을 장악한 대원군 시마즈 히사미쓰는 번정의 파악이 끝나자 병사들을 이끌고 상경하기로 결심했다. 형이 급사하면서 이루지 못한 유업, 즉 막부를 개혁한다는 명분을 내세웠다. 그러나 본심은 번세로 보나 가문으로 보나 시마즈 가문에 한참 못 미치는 조슈번이 정국을 좌지우지하는 것이 불편했다. 자신이 주도하면 조슈번보다 훨씬 잘할 수 있다는 자신감으로 가득 차 있었다.

1861년 10월경 히사미쓰가 자신의 의중을 정충조(精忠組 사쓰마번의 존왕양이파 하급 무사 비밀결사체)의 지도자 오쿠보 도시미치에게 밝히면서 만반의 준비를 당부하자, 오쿠보는 큰 도움이 될 거라며 안세이 대옥을 피해 먼 섬에 유배된 사이고 다카모리를 천거했다.

2) 히사미쓰의 솔병상경

일본사에서 히사미쓰의 '솔병상경(率兵上京)'이란 1862년 히사미쓰가 1천여 명의 병사들을 통솔해 교토를 거쳐 에도에 올라간 사건을 말한다.

1862년 당시 정계의 중요한 현안 한 가지를 짚고 가자.
막부의 개항에도 불구하고 서양인을 싫어한 천황은 양이를 고집하고 있었기에 막부와 근본적으로 긴장관계에 있었다. 존왕양이론의 전국적인 확산은 천황의 입지를 강화시켰으며 점차 개항장을 넓혀나아가야 하는 막부와는 긴장의 강도가 올라갈 수밖에 없었다.

미일수호통상조약을 포함한 안세이 5개국 수호통상조약에 의거 미개항지 니가타를 포함해 효고항(현 고베항)의 개항과 에도·오사카 시장의 개시 시한(1863.1.1)이 1년도 안 남은 1862년 상반기 양측의 긴장관계는 극에 달했다. 효고항과 오사카는 천황이 거주하는 교토와 가까웠기 때문이다.

막부는 교토와의 관계 회복을 위해 공무합체의 입장에서 쇼군과 천황가와의 혼인을 추진했고, 천황은 마뜩잖아했지만 막부 인사가 기한부 쇄국을 약속하고 이와쿠라 도모미가 천황을 설득해 양가의 혼인이 성사되었다. 이와쿠라의 직책은 천황의 심부름을 하는 근습(近習)에 불과했으나 정무적 감각이 탁월해 사실상 천황의 책사 역할을 하고 있었다. 얼마 후 조정이 존왕양이 정국으로 급변하며 이 일로 이와쿠라는 징계처분을 받는다.

효고항의 개항과 오사카의 개시 문제는 공무합체 정책으로 모처럼 형성된 천황과의 우호적 관계를 파탄시킬 폭발력을 내포한 이슈였다. 막부는 1862년 초 분큐사절단을 유럽에 파견해 개항과 개시 시기를 5년 연기하는 성과를 안고 1년 만에 돌아온다.

1862년 2월 중순 유배에서 돌아온 사이고 다카모리와 시마즈 히사미쓰의 면담 자리가 마련되었다. 이미 사쓰마번은 히사미쓰의 솔병상경 계획을 공식적으로 발표한 상태였다. 막부의 개혁을 촉구하는 천황의 칙허를 얻어 군사들과 함께 막부의 본진인 에도로 가겠다는 계획이었다.

사이고는 "에도성 등성 자체가 난망이다. 사쓰마번 단독으로는 목표 달성이 쉽지 않다. 일차적으로 군사와 함께 교토 입성 자체가 어렵고 천황의 칙허를 얻는 것은 지극히 어려운 일이다. 무위무관의 촌뜨기가 국사를 주선하는 것은 무리다"라고 냉정하게 자신의 의견을 밝혔다.

| 시마즈 히사미쓰

사실 히사미쓰는 어린 다이묘의 생부에 불과할 뿐 막부가 인정한 다이묘도 아니었고 조정으로부터 관위를 받은 적도 없었다. 중앙 정치 무대에서 주군 나리아키라의 특명으로 암약했던 사이고의 눈에는 히사미쓰가 '무위무관의 촌뜨기'로 보였을 것이다. 히사미쓰는 사실상

의 주군인 자신에게 그런 표현을 한 것에 불쾌할 법했으나 그냥 모른 척하고 넘어갔다. 면담 자리를 마련한 오쿠보만 속이 탔을 것이다.

그러나 사쓰마번의 정충조 등 강경 존왕양이파가 전국에 뿌린 격문은 대단한 위력을 발휘하고 있었다. 히사미쓰의 솔병상경 소식에 전국의 존왕양이 지사들이 들썩였으며, 히사미쓰의 예정일에 맞추어 교토를 향해 움직이고 있었다.

불가능할 것 같았던 히사미쓰의 교토 입성이 천황의 책사 이와쿠라 도모미의 극적인 도움으로 이루어졌다. 사쓰마번에 전통적으로 우호적인 공경 고노에 저택에서 히사미쓰는 공경 2명과 이와쿠라에게 준비해온 건백서를 제출했다(4.16).

- 안세이 대옥 처분자들을 복권할 것.
- 관백(교토에서 제반 정무 일체를 통할하는 공경), 로주, 다이로에 대한 인사 개혁이 필요하다. 고노에 타다후사를 관백, 후쿠이번의 개혁 번주 마쓰다이라 슌가쿠를 다이로, 히토쓰바시가 당주 도쿠가와 요시노부를 쇼군후견직에 임명할 것.

건백서에 천황이 동의했다는 소식을 듣고 히사미쓰는 비로소 안심했다. 게다가 합법적으로 교토에 체재하면서 전국에서 몰려든 낭인들의 통제와 진압 권한까지 가지게 되었다. 막부는 교토의 경비 권한을 무관무위의 일개 필부에게 넘긴 결과가 되었는데 막부 말기 막부가 스타일을 구긴 또 하나의 장면이다.

3) 분큐 개혁

교토에 도착한 다른 번의 번사들과 연합해 과격한 반막부 행동 계획을 추진하려는 자기 번의 강경파를 일망타진하여(데라다야 사건 1862.4.23) 오히려 조정의 신뢰를 얻은 히사미쓰는 막부 개혁에 관한 천황의 칙허를 얻는데 결국 성공한다.

막부의 방해공작 등 우여곡절 끝에 5월 22일 히사미쓰가 약 1천 명 번병의 호위를 받으며 칙사를 수행해 에도를 향해 출발했다. 일행은 6월 7일 에도에 당도해 6월 10일 막부에 천황의 칙서를 전달했다.

① 이른 시일 내 쇼군이 상경하여 국시를 논의한다.
② 고다이로(五大老) 직을 창설한다. 고다이로에는 시마즈가(사쓰마), 모리가(조슈), 야마우치가(도사), 다테가(센다이), 마에다가(가가)를 임명한다.
③ 쇼군 후견직에 도쿠가와 요시노부를, 다이로에 마쓰다이라 슌가쿠(후쿠이번)을 임명한다.

첫째 조항은 조슈번과 후쿠이번에서 꾸준히 주장한 것이었다. 둘째와 셋째 조항은 막부 말기의 4현후로 정평이 난 다이묘들, 그리고 쇼군 경쟁에서는 탈락했지만 유능하고 총명하다고 소문난 요시노부를 막부의 정치에 관여시키자는 공의정체론이 반영된 것이다.

> **4현후와 마쓰다이라 슌가쿠**
>
> 4현후는 막부 말기에 활약한 현명한 네 명의 제후(다이묘)를 뜻한다. 사쓰마번의 시마즈 나리아키라, 후쿠이번의 마쓰다이라 슌가쿠, 도사번의 야마우치 도요시게(흔히 '요도공'으로 불렸다), 우와지마번(현 에히메현)의 다테 무네나리를 꼽는다. 1등급 다이묘인 후쿠이번의 마쓰다이라 슌가쿠는 막부정치에 중소형 2등급 다이묘만 참여하도록 제한하는 것은 근본적으로 잘못되었다면서, 1등급 다이묘나 3등급 다이묘 중에서도 개혁적이면서 능력이 검증된 인물들이 막부의 정치에 관여해야만 막부 개혁이 이루어진다고 주장했다. 또 안세이 대옥에 대해 막부가 조정과 다이묘에게 먼저 사죄함으로써 조정과 다이묘들까지 포함한 융화를 하는 것이 막부 개혁의 선결조건이라고 주장하였다.
>
> 나리아키라 사후 동생 히사미쓰로 대체된 네 명의 다이묘는 조정에서 임명된 조의참예로서 1864년 초 제후 합의의 자문기구인 참예회의의 일원으로 국정에 참여하였고, 1867년 4후회의의 멤버로서 마지막 쇼군 요시노부와 국정을 협의하는 등 공의정체론의 단골 공의인(여론전달자)으로 손꼽혔다.

칙사를 대동해 출발하는 히사미쓰에게 조정은 에도에서 참근 중인 조슈번 번주를 만나 두 번이 협력해 공무합체에 힘써 달라고 당부하였다. 그러나 참근교대를 끝낸 조슈번주 모리 다카치카는 히사미쓰와의 조우를 피하기 위해 도카이도가 아닌 나카센도를 택했다. 다카치카는 히사미쓰가 주도하는 상황에 들러리를 서기 싫었다. 조슈번주와 정국을 협의할 요량이었던 히사미쓰는 에도 도착 후 다카치카가 에도를 떠났다는 것과 조우를 피해 나카센도로 귀번한 사실을 알고 매우 실망했다. 삿초의 경쟁이 노골화하는 순간이었다.

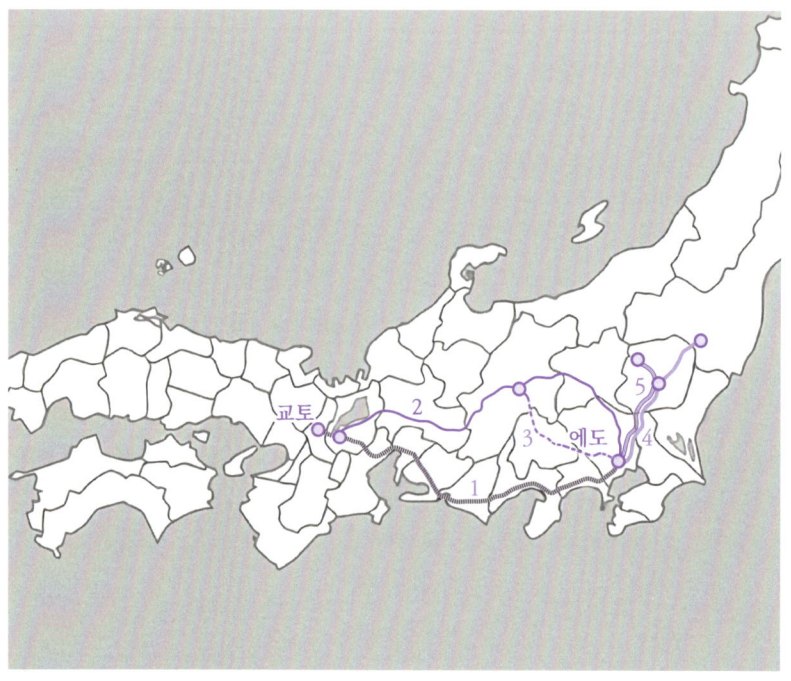

| 에도 시대의 5간선도로(고카이도).
1. 도카이도(東海道) — 에도와 교토를 연결하는 제1의 간선도로.
2. 나카센도(中山道) — 에도에서 혼슈의 중앙 내륙을 통해 교토까지 연결.
3. 고슈가도(甲州街道) ···· 에도에서 가이국(현 야마시나현)까지 연결.
4. 닛코가도(日光街道) — 에도에서 닛코 동조궁(현 도치기현)까지 연결.
5. 오슈가도(奧州街道) — 에도에서 무쓰국(현 후쿠시마현)까지 연결.

   칙서 전달 후 에도에서 히사미쓰가 칙사와 함께 막부와 협상하며 얻어낸 결과를 당시 연호를 따서 분큐 개혁이라 한다.

분큐 개혁의 주요 내용

- 1863년 초 쇼군이 천황을 알현한다.
- 마쓰다이라 슌가쿠를 정사총재직, 도쿠가와 요시노부를 쇼군후견직에 임명한다.
- 교토 치안을 담당할 교토수호직에 마쓰다이라 가타모리(아이즈번)를 임명한다.
- 참근교대를 완화하여 3년에 1회, 에도 체류 100일로 완화하고 귀번 시 처자의 동행을 허락한다.

당초 불가능할 것이라고 여겨 주변에서 모두 말렸던 히사미쓰의 솔병상경은 분큐 개혁이라는 큰 성과로 귀결되며, 이후 그는 '사쓰마의 국부'로까지 불린다. 천황의 칙사를 대동했다고 하더라도 감히 3등급 다이묘가 군사를 이끌고 막부에 쳐들어가 개혁을 촉구한 건 에도막부의 역사적 대사건이었다. 무위무관의 시골 촌뜨기가 대박을 터뜨린 것이다.

목적 달성 후 조정에 보고하기 위해 의기양양하게 교토로 돌아가던 중 수백 명을 대동한 히사미쓰의 행렬이 도카이도를 따라 나마무기(현 요코하마)에 이르렀을 때 말을 탄 영국인 관광객 4명과 조우했다. 번주 행렬에 익숙지 않은 영국인들은 말을 탄 채 히사미쓰 행렬과 마주쳤다. 사쓰마 호위무사들이 칼을 휘둘러 영국인 1명이 사망하고 2명이 중상을 입는 사건(나마무기 사건)이 발생했다. *나마무기 사건의 자세한 내용은 졸저 〈한일 근대인물 기행〉 56~57쪽 참조.

| 나마무기 사건을 묘사한 우키요에 '나마무기에서의 살인'(하야카와 쇼잔, 1877)

결국 1862년의 정국을 요약하면 다음과 같다.
- 천황의 양이 입장이 확고하자 공무합체의 분위기를 유지하기 위해 막부는 유럽에 사절단을 파견해 천황이 반대하는 효고항 개항을 5년 연기한다.
- 히사미쓰의 솔병상경을 계기로 공의정체를 향한 막부의 개혁이 부분적으로 이루어진다(분큐 개혁).
- 막부의 개혁 과정에서 사쓰마번의 시마즈 히사미쓰, 조슈번의 모리 다카치카, 후쿠이번의 마쓰다이라 슌가쿠 등이 정국의 주도권을 잡기 위해 치열한 경쟁을 벌인다.

3. 양이의 실행과 대반전

1) 조슈번의 양이 실행

드디어 14대 쇼군 이에모치(17세)가 분큐 개혁에서 약속한 대로 1863년 초 천황 알현을 위해 교토에 발을 들여놓았다. 쇼군이 천황을 알현하는 것은 3대 쇼군 이후 약 240년 만이다. 막부 가신들은 쇼군이 혹시 교토에 집결한 과격한 존왕양이 지사들의 포로가 되지 않을까 걱정하고 있었다.

양이냐 개항이냐? 대척점에 서 있는 두 대표자 천황과 쇼군이 만나 이 중요한 국시를 결정해야 일본의 혼란을 막을 수 있다고 개혁적 다이묘(조슈번, 후쿠이번)들은 주장해왔다. 존왕양이의 본거지 교토의 분위기는 막부에 파약양이(破約攘夷), 즉 조약 파기와 서양인 축출을 요구하고 있었다.

이런 상황을 대비해 쇼군은 참모들이 만들어 준 모범답안대로 천황 앞에서 적당히 양이를 하겠다는 원칙적 답변만 하고 나올 심산이었다. 그러나 천황의 참모들이 쇼군의 참모들보다 한 수 위였다. 쇼군의 모범답안을 예상한 천황 참모들은 양이 기일을 못 박으라는 가이드를 이미 천황에게 해둔 터였다.

 "양이를 실행하겠다"는 일반적 답변만 하고 나오려는 쇼군에게 "그러면 언제까지 양이를 실행하겠느냐?"는 천황의 추궁에 어린 쇼군은 어찌할 바 몰랐다. 이미 세계 각국과 조약을 맺고 외교관이 상주하는 상황에서 양이를 실행한다는 것은 불가능했다.

 쇼군이 쩔쩔매며 답변을 못 하는 사이 존왕양이파들은 기세등등해졌다. 천황이 양이 기원을 위해 신사에 간다면 쇼군과 참모들이 천황을 수행하지 않을 도리가 없었다. 에도에서 온 쇼군과 가신들의 위축된 모습을 보며 교토의 존왕양이파들은 쾌재를 불렀다.

 쇼군은 어떻게 해서든 바늘방석 같은 교토를 빠져나오려 했으나 여의치 않았다. 만일 쇼군이 도주라도 한다면 전국에서 몰려온 극렬한 존왕양이 지사들이 무슨 짓을 벌일지 알 수 없었다. 결국, 그해 5월 10일을 양이 기일이라며 불가능한 약속을 하고서야 3개월 만에 도망치듯이 에도로 돌아왔다.

 쇼군은 천황에게 양이를 약속했지만, 애초부터 실행할 의도가 없었다. 각 번에 양이의 공문은 보냈으나, 별도의 인편으로 공문 내용에 신경 쓰지 말라는 친절을 베풀었다. 양이 실행일(1863.5.10)이 되자 쇼군의 마음을 다 읽은 전국의 번에서는 아무 일이 없었다. 조슈번만 제외하고.

 전년 나가이 우타의 실각 이후 조슈번 내정은 존왕양이파가 번정을 장악하고 있었다. 조슈번 사무라이의 무용을 보여주겠다며 이들은 단노우라 포대에서 시모노세키항 앞을 지나던 서양 상선들에 무차별 포격을 가하고 칸몬해협을 봉쇄했다. 전국의 존왕양이 지사들이 조슈번에 열광했다.

반면 서양 각국은 격노했다. 1차 보복에 나선 미국과 프랑스 함대는 6월에 조슈번 군함 2척을 침몰시키고 1척을 대파했다. 서양 함대의 함포 위력에 그간 사무라이의 기개를 보여주겠노라고 큰소리쳤던 사무라이들은 모두 줄행랑쳤다. 그러나 이는 예고편에 불과했다. 다음 해 서양연합군의 대대적인 2차 보복이 기다리고 있었다.

2) 기병대(奇兵隊) 창설

조슈번의 존왕양이파가 번정을 장악할 무렵 요시다 쇼인의 수제자인 다카스기 신사쿠는 번이 추천한 막부의 상해시찰단의 일원으로 몇 개월 중국을 다녀왔다. 아편전쟁 이후 서구에 영토 일부를 빼앗기고 노예처럼 살아가는 청나라 사람들을 본 후 일본도 정신을 바짝 차리지 않으면 청나라 꼴이 나겠다는 경각심을 안고 귀국했다.

막부 개혁 주장에 따른 안세이 대옥 관련자의 사면 분위기에 힘입어 가매장된 스승 요시다 쇼인의 묘를 이장하여 정식 장례 절차를 밟는 데에 진력했다. 신사쿠는 양이실행일 즈음 번 중신 스후 마사노스케의 권고에 따라 동행(東行)이라는 법명으로 출가해 있었다.

큰소리치던 부하들이 서양 함대의 1차 공격에 추풍낙엽처럼 나 뒹굴고 줄행랑친 상황에 실망한 조슈번주 모리 다카치카는 군비 강화 방안을 중신들에게 요구했다.

번의 정규군이 모두 무너진 상황에서 중신들은 의논 끝에 출가 중인 신사쿠를 야마구치로 호출했다. 조슈번은 이미 막부의 허가도 없이 하기에서 야마구치로 도읍을 옮긴 상태였다. 중신을 통해 신사쿠는 자신의 호출 사유를 알고 나서 스승의 초망굴기론을 떠올렸다. 쇼인은 제자들에게 "막부와 제 번의 사무라이들은 믿을 것이 못 된다. 신분에 관계없이 초망(草莽, 풀숲)처럼 살고 있는 민초를 일으켜 세워 체제를 바꾸어야 한다"는 유훈을 남겼다.

| 기병대원 사진

신사쿠는 번주 앞에서 초망굴기론을 설파하며 '기병대(奇兵隊, 기헤이타이)'의 창설을 제안했다. 기병대는 '말 타는 기병대(騎兵隊)'가 아

니라 '기이한 군사들로 이루어진 군대'라는 뜻이다. 사무라이가 아닌 농어민, 상인, 장인, 승려, 신관 등 다양한 민초들을 대상으로 서구식의 분업화된 부대를 만들었기에 이런 이름이 붙었다. 일종의 민병대였으니 사무라이들만 전투를 할 수 있었던 당시로는 파격적인 기이한 군대였다.

이른 시일 내에 많은 인원을 모집하기 위해 존왕양이 지사들을 제 대장으로 하여 각자가 알아서 부대원을 모집하도록 하였다. 그러다 보니 기병대 본대는 수백 명 정도였으나 유격대, 응징대, 육영대, 팔번대, 역사대 등 다양한 명칭의 유사 제대가 생겨났다.

3) 사쓰에이 전쟁

영국인 관광객이 살해된 나마무기 사건의 책임자 처벌과 배상을 요구하는 영국과 사쓰마번 간의 최후 협상이 결렬되자, 영국은 군함 8척과 4천 명의 병력으로 가고시마만에 정박 중인 사쓰마번 소속 증기 군함 3척을 빼앗았고 사쓰마번을 향해 포격을 개시했다(사쓰에이 전쟁 1863.7).

영국은 나포한 군함을 불사르고 가고시마시에 대한 대대적인 함포사격에 나섰다. 3일간의 포격전에서 사쓰마번은 해안포대 파괴는 물론 가고시마시가 대규모로 불타는 물적 피해를 크게 입었다. 사상자 수만 따지면 영국 함대의 피해가 더 컸다. 사쓰마의 인명 피해는 포대에서 전사자 1명, 부상자 9명, 민간인 사상자 9명이었는데 민간인들을 미리 대피시킨 덕에 인명 피해를 크게 줄일 수 있었다. 영국은 사망 20명에 부상 43명, 특히 2,300톤급 기함이 피폭당해 함장과 부함장이 즉사하고 함대사령관도 부상을 입었고 중형함 2척도 대파되었다. 영국 함대는 3일 만에 탄약과 석탄이 떨어져 임시 모항인 요코스카로 돌아갔다.

| 사쓰에이 전쟁 중 가고시마만

사쓰마와 영국은 서로 승리를 주장하면서도 내심 상대의 실력에 매우 놀랐다. 영국의 위력을 절감한 사쓰마는 이후 적극적으로 서양 문물 배우기에 나선다.

4) 8.18 정변

조슈번이 그간 강력히 주장해왔던 쇼군의 천황 알현이 연초에 실현된 데다가 양이일에 양이를 시행한 전국 유일의 번이라는 자부심으로 교토에서 조슈번은 존왕양이파를 주도하며 더욱 과격해졌다.

　조슈번은 내친김에 토막을 위한 천황의 조칙을 발표하도록 공작을 하고 있었다. 양이에 병적으로 집착했던 천황은 존왕양이 정책을 강력하게 천명하는 조슈번을 지지하면서 솔병상경한 히사미쓰에게 에도에 가면 조슈번주와 만나 정국을 상의하라는 당부까지 할 정도로 조슈번을 챙겼었다.

　그러나 조슈번이 주도하는 교토의 극렬 존왕양이파들이 토막 주장까지 하자 내심 거리를 두기 시작했다. 사실 천황은 막부가 양이의 약속만 지킨다면 막부 체제의 존속을 원하고 있었다. 같은 존왕양이파에 속하는데도 막부가 제공하는 함선에 승선했다는 이유만으로 공경이 극렬 지사들에 의해 암살되었다. 이들은 한 발 더 나아가 천황이 진두지휘하여 막부를 토벌하는 천황친정군 소문을 퍼뜨렸다.

　천황도 이젠 뒷걸음치기 시작했다. 과격 존왕양이파가 자신의 신하까지 멋대로 죽이고, 천황친정군에 지원한다며 전국의 열혈 지사들이 속속 교토로 들어오며 교토는 통제불능 상태가 되고 말았다. 게다가 조슈번이 양이실행을 한답시고 서구와 전쟁을 벌인 것과 그 결과도 천황은 알고 있었다. 까딱 잘못하다가 막부에게는 토막 친정군의 주도자로, 서구에게는 양이로 인한 전쟁 유도자로 오인되어 호되게 당할 수도 있다는 생각이 들자 정무감각이 있는 천황은 돌아섰다.

　사쓰마번도 존왕양이 지사들의 폭주에 질렸고 조슈번이 일방적으로 정국을 끌고 가는 것에 위기를 느꼈다. 조정의 공경들도 마찬가지였다. 막부나 서구와 전쟁을 할 생각은 없는 데다가 갑자기 나타난 시골의 하급 무사들이 조정을 좌지우지하는 것이 영 마음이 편치 않았다. 막부에 불만은 있었지만 토막까지는 의도하지 않았기 때문이다.

과격파의 추방을 요청하는 천황의 밀칙이 사쓰마번에 내려졌다. 이에 히사미쓰의 지시로 사쓰마번이 움직였다. 사쓰마는 분큐 개혁으로 신설된 교토수호직에 임명된 마쓰다이라 가타모리(아이즈번)와 1863년 8월 초 밀약을 맺었다. 사쓰마·아이즈 연합군은 존왕양이파 공경 7명의 추방과 조슈번의 궁궐 경비 임무의 해제 칙명을 받았다. 사쓰마·아이즈 연합군은 8월 18일 이들에게 퇴거 칙명을 전하며 궁궐을 지키던 조슈군을 퇴거시켰다(8.18 정변).

| '칠경낙도' 그림의 일부.
존왕양이파 7공경을 호위하며 낙향하는 조슈번 군사(호후시 모리박물관 소장)

8.18 정변으로 약 2년간 교토에서 활개 치던 과격 존왕양이파가 일소되었다. 다음날 새벽 조슈군은 비가 내리는 와중에 산조 사네토미(후일 메이지 신정부의 수장 태정대신에 오른 인물) 등 존왕양이파 공경 7명을 호위하며 조슈로 퇴각할 수밖에 없었다. 구사카 겐즈이는 분한 마음에 빗속을 울면서 걸었다고 한다.

8.18 정변 후 천황은 "양이는 전쟁을 하라는 의미가 아니었다", "8월 18일 이후 발표되는 것이 진짜 짐의 뜻이다"라는 성명을 발표했다. 이로써 조슈번과 존왕양이파의 정통성은 무너져 내렸다. 이제 교토의 조정도 강경 존왕양이론자는 실각하고 히사미쓰의 사쓰마번 지원을 바탕으로 막부의 개항정책을 지지하는 공무합체의 노선을 걷게 되었다.

얼핏 보면 막부가 승리한 것처럼 보인다. 그러나 내막을 들여다보면 막부와 웅번들은 이미 경쟁적으로 서구화로 방향을 틀고 서구 따라잡기 경쟁을 벌이고 있었다.

4. 서구 따라잡기 경쟁

막부 말기 막부와 웅번들은 제각기 부국강병만이 유일한 생존의 길이라 믿고 치열하게 서구화에 올인한다. 존왕양이파들도 조슈번의 양이 실행이 실패로 귀결되자 언제 그랬냐는 듯 태세를 전환해 서구화 경쟁을 벌이기 시작했다.

1) 막부

개항을 즈음해 안세이 개혁으로 서구 따라잡기에 시동을 건 막부는 미일수호통상조약 체결 다음 해 비준서 교환을 위하여 방미사절단을 직접 보내기로 했다. 막부는 미국의 발전된 모습을 직접 눈으로 확인하고 싶었다.

1859년 미국은 일본을 배려하여 사절단을 싣고 갈 증기선 군함을 보냈다. 막부는 원양 항해술을 직접 익힐 절호의 기회로 보고 얼마 전 네덜란드에서 구입한 증기선 간닌마루호에 호위무사(경호원)들을 태우고 미 군함을 따라간다. 미 군함을 따라가며 리스크를 줄이기는 했지만 일본인이 증기선을 직접 운항해 태평양을 횡단한 최초의 사건이었다.

> **가쓰 가이슈와 후쿠자와 유키치의 악연**
>
> 간닌마루호의 함장은 일본 해군의 기초를 닦은 가쓰 가이슈였다. 이 배에는 후일 일본 제일의 계몽사상가, 언론인, 교육자(게이오 대학의 설립자)로 우뚝 서는 후쿠자와 유키치가 호위대장의 비서격으로 타고 있었다.
>
> 태평양을 건너는 37일간의 장기 항해로 뱃멀미가 심한 가쓰는 선실 안에 누워있는 때가 많아서, 존 만지로가 가쓰의 역할을 대부분 대행했다. 이를 목격한 유키치는 가쓰를 함장 구실을 못한 무책임한 인사로 평생 비난했다. 두 사람 모두가 선진 서구사회와 세계정세에 해박했을 뿐 아니라 후진적 일본 사회를 탈출하기 위한 일본인들의 서구화 및 근대화 노력을 강조한 당시로는 드문 선구자이자 국가적 인재들이었다.
>
> 예나 지금이나 스펙이 너무 같은 사람들은 서로 친하기 힘든 모양이다. 경쟁 심리 때문일까?

1862년 초 효고 개항·오사카 개시 시기의 연기 협상을 위해 38명으로 구성된 유럽파견사절단 파견이 영국공사 올콕의 지원으로 성사되었다('분큐유럽파견사절단' 또는 '분큐사절단'이라고 불린다). 당초 올콕은 통상조약의 일정대로 개항해야 한다고 주장했으나 효고항 개항에 알레르기 반응을 보이는 천황과의 관계에서 고심하는 막부의 입장과 존왕양이파가 득세하는 일본의 특성을 이해하고 나서 어려운 처지에 빠진 막부를 적극 돕기로 생각을 바꾸었다.

사절단은 1월 21일 영국 군함 프리깃오딘호를 타고 시나가와를 출발하여, 나가사키, 홍콩·싱가포르·실론·예멘 등 영국 식민지를 거쳐 이집트 수에즈에 상륙, 철도편으로 카이로에서 알렉산드리아까지, 배편으로 지중해를 건너 영국령 몰타와 마르세이유를 거쳐 4월 7일 파리에 도착한다.

프랑스와의 교섭에서는 실패했으나 4월 30일 런던에 도착해 영국과 협상한 사절단은 올콕의 협력으로 효고·니가타의 개항과 에도·오사카의 개시 시기를 5년 연기한다는 런던각서를 체결한다(1862.6.6). 이후 네덜란드, 프로이센과도 합의하고 러시아에 입경해 사할린 국경문제를 논의했으나 합의하지 못했다. 귀로에 프로이센, 프랑스, 포르투갈을 방문해 개항과 개시 협상을 타결했다. 영국령 지브롤터를 통해 출국 과정과 반대의 행로를 따라 1863.1.30. 귀국했다.

> **런던 만국박람회**
>
> 분큐사절단이 런던에 체류할 때 런던 만국박람회가 열리는 기간이었다. 초대는 받았으나 박람회의 의미도 모르고 관심도 없는 막부를 대신해 올콕의 기획 및 추진으로 마련된 일본관에는 칠기·목판화·칠보·도검 등 전통 공예품들이 주로 전시되어 있었다.
>
> 박람회를 둘러 본 분큐사절단은 당시로서는 첨단 산업 제품에 해당하는 문명의 이기들을 앞다투어 전시한 다른 국가들의 전시관에 비해 초라한 일본관에 부끄러움을 느꼈다고 한다.

| 런던 만국박람회장의 일본 사절단(출처: 일러스트레이티드 런던 뉴스)

　막부는 분큐사절단이 파견된 해 네덜란드에 군함 1척을 발주하며 에노모토 다케아키 등 9명의 유학생과 조선 기술자를 간닌마루호에 태워 네덜란드에 파견했다. 에노모토는 네덜란드에서 나가사키 해군 전습소에서 자신을 가르쳤던 은사를 만나기도 했으며 선박 운용술, 포술, 증기기관학, 화학, 국제법 등을 배웠다. 발주한 군함 가이요마루가 3년 반 만에 완공되자 유학생들은 1866년 10월 군함을 타고 귀국길에 올라 1867년 3월 요코하마항에 도착했다.

　귀국한 지 1년도 안 되어 막부는 멸망하지만 이들은 메이지유신 시절 일본의 각 분야에서 큰 활약을 한다. 대표적인 인물로는 메이지 신정부에서 체신·문부·농상무·외무대신 등을 역임한 에모모토 다케아키, 메이지유신기의 계몽사상가 니시 아마네 등을 꼽을 수 있다.

막부는 멸망하기 전까지 5년간 62명의 유학생을 서구로 파견했다. 또한 1860년 대에만 5회에 걸쳐 대규모 사절단을 해외로 파견했다. 사절단에 동행한 총인원은 약 300명 정도였다. 외국과의 현안 협상, 조약 비준서 교환, 만국박람회 참가 등의 다양한 목적이 있었음에도 불구하고 사절단의 목적과 상관없는 청년들을 상당수 포함시켜 막부는 미래의 일본을 위한 장기적 투자를 하고 있었다.

후쿠자와 유키치는 미일수호통상조약 비준서 교환을 위해 미국에 다녀온 후 막부의 사절단에 정식으로 수차 포함되어 해외 견문을 넓혔다. 그는 저서 〈서양사정(1866)〉을 통해 일본과는 전혀 다른 선진 세계인 서양 각국의 모습을 일본인들에게 상세하게 소개하면서 일본 사회에 엄청난 충격을 주었다. 유키치는 메이지유신기에도 〈학문의 권장(1872)〉, 〈문명론의 개략(1875)〉 등 연이은 초베스트셀러의 작가이자 언론인 및 교육자로서 활동하면서 일본 사회가 나아갈 길을 제시한 대표적 계몽사상가가 된다.

표류 후 10년의 미국 생활을 마치고 귀국한 존 만지로에게 고향 도사번은 그를 탈번죄로 처벌하기는커녕 사무라이 신분으로 발탁해 번교에서 영어를 가르치게 했다. 막부는 그에게 하타모토 신분을 준 후 군함학교 교수로 삼아 항해술, 측량술, 조선술 등을 가르치게 했다.

> **쇼군의 가신**
>
> 에도 시대 쇼군의 부하 중 지방에 영지와 영민을 가진 로주 외에 쇼군가의 직속 가신이 있었다. 직속 가신 계급은 쇼군과 대면할 수 있는 상급 가신(하타모토)과 그렇

지 못한 하급 가신(고케닌)으로 구분되었다. 하타모토에게는 영지 대신 석고량으로 표시된 쌀이 봉록으로 지급되었는데, 석고량 3천 석 이상의 하타모토는 다이묘와 동급으로 인정받았다.

2) 조슈번

조슈번 번주 모리 다카치카는 국내외를 가리지 않고 최신 정보에 대해 목말라 했다.

1861년 분큐사절단 파견 소문을 듣고 조슈번주는 자신의 측근을 사절단 일원으로 편입시켜 사절단의 유럽 여행 중 정기적인 보고를 받았다. 현지에서 직접 눈으로 보고 부딪히며 보내온 보고서의 내용을 본 번주는 서양이 생각보다 강하다는 것을 깨닫는다. 조슈번은 장래의 양이전쟁에 대비하기 위해서라도 인재 육성을 하지 않을 수 없었다. 이를 위해 젊은 인재의 영국 유학을 요코하마의 쟈딘 메디슨 상회를 통해 추진하고 있었다.

> **조슈 파이브**
>
> 조슈번의 야마오 요조, 이노우에 마사루, 이노우에 가오루 3인이 번주로부터 유학 허가를 받았으나, 이들이 에도에 도착한 후 엔도 긴스케가 추가되었다. 당시 에도에 있던 이토 히로부미는 친구 이노우에 가오루에게 자신도 끼워달라고 부탁해 최종적으로 5명이 선발되었다. 유학이 불법이었던 당시 번주는 모르는 체하되 중신 스후 마사노스케가 이들의 경비를 지원해주었다.
>
> 천신만고 끝에 6개월 만에 영국에 도착한 조슈의 유학생들은 런던대 청강생으로

모두 입학했으나 이노우에 가오루와 이토 히로부미는 수개월 만에 귀국하고, 나머지 3인은 공부를 계속해 후일 메이지유신기의 일본 근대화에 혁혁한 공을 세운다.

야마오 요조는 조선공업 도시 글래스고에서 견습공으로 일하면서 야학으로 공학을 공부해 도쿄제국대학 공학부를 창설하고 공부경을 역임한 '공학의 아버지'로, 엔도 긴스케는 영국 유학에서 돌아와 조폐국장으로 재직하면서 영국에 주문해 만들던 화폐를 독자 기술로 개발한 '조폐의 아버지'로, 이노우에 마사루는 철도 기술을 배우고 와서 일본 최초의 철도(1872년 도쿄 신바시-요코하마 구간 개통)를 건설한 '철도의 아버지'로 일본에서 기리고 있다.

이들 5명의 유학생 이야기는 2006년 일본에서 '조슈 파이브'라는 제목으로 영화화되었다.

| 조슈 파이브
뒷줄 왼쪽부터 엔도 긴스케, 이노우에 마사루, 이토 히로부미, 앞줄 왼쪽부터 이노우에 가오루, 야마오 요조

이들의 유학생활 중 이토 히로부미와 이노우에 가오루가 급거 귀국하는 사태가 벌어졌다. 영국공사 올콕의 주도로 조슈번의 양이실행(1863.5.10)에 대한 전년도의 보복에 이어 대대적인 2차 보복이 준비되고 있었다. 영국, 프랑스, 미국, 네덜란드 4개국 연합함대를 구성해 조슈번에 대한 대대적인 2차 보복을 추진하는 계획이 현지 언론에 보도되었다.

유학생활을 통해 느낀 서구의 국력과 군사력이 얼마나 강한지 몸소 체험한 이들은 그 사정을 번에 알려 전쟁을 막기 위해 중도에 귀국한 것이다. 귀국 후 영국공사에게 시간을 벌어 조슈번을 설득했으나 이들의 노력은 번의 강경파에 밀려 수포가 되어 결국 연합함대에 의한 제2차 보복(시모노세키 전쟁)이 개시된다.

금문의 변 직후 벌어진 이 전쟁으로 큰소리치던 조슈번의 사무라이들은 양이가 얼마나 무모한가를 바로 깨달았다. 전통의 사무라이군도, 창설된 지 얼마 되지 않은 기병대도 서구함대의 맹폭 앞에서는 추풍낙엽이었다. 조슈번은 항복할 수밖에 없었다.

압도적 무력 앞에 패배하자 조슈의 존왕양이파들은 재빨리 태세를 전환했다. "서양 오랑캐를 이기려면 저들의 우수한 무기, 전법과 군대를 가져야 한다." 강경 양이론자들이 돌변해 맹렬하게 서구화 정책을 추진한다. 이 전환에 크게 기여한 인물이 다카스기 신사쿠, 기도 다카요시다.

이들보다 격이 떨어지는 천출 출신에서 기병대 지휘관으로 변신한 야마가타 아리토모, 난학 의사에서 서양병학의 권위자로 변신한 오무라 마스지로, 통역과 신무기 구입 담당자로 바뀐 이토 히로부미와 이노우에 가오루 등은 서구화를 통한 부국강병이란 번의 목표를 향해 달려간다.

3) 사쓰마번

사쓰마번은 일찌감치 류큐(현 오키나와)와의 무역과 해외 밀무역 등으로 해외에 눈을 돌리고 있었다. 더구나 역대 난벽 번주들이 많았던 내력으로 인해 서양 문물에 관한 선구자이자 얼리 어댑터였다.

막부 말의 명다이묘이자 사쓰마 근대화의 주역인 시마즈 나리아키라는 일단 군사력 강화에 주력했다. 당시 첨단산업 등 각종 제조업의 진흥을 위해 조성한 허브인 집성관은 번의 근대화와 부국강병에 크게 이바지하게 된다.

> **사쓰마의 반사로와 서양식 대포**
>
> 범종 제작기술을 활용한 청동 대포가 일반적인 당시 서양식 철제 대포를 만들기 위한 기술 고도화에 진력했다. 철의 용융점이 높아 용해실의 온도를 높이는 기술이 핵심인바 이미 1852년 사가번에서 네덜란드 서적을 참고해 만든 반사로로 철제 대포 시제품을 제작했다는 것을 알고, 이를 가고시마 성안에 모형 반사로를 만들어 그대로 따라 하면서 기술을 축적했다. 사쓰마번이 가지고 있는 성벽 축조 기술과 도자기 기술을 활용해 1853년 용광로가, 1854년 포신 제작용 드릴이 완공되었다. 반사로 1호기는 실패의 연속이었으나 나리아키라는 이에 실망하지 않고 번사들을 격려해 2호기를 제작하고 결국 철제 대포의 주조에 성공하게 된다.

나리아키라는 서양식 근대 해군에도 관심이 많았다.

> **사쓰마의 조선술과 해군 양성**
>
> 존 만지로의 도움으로 서양식 범선과 증기선을 실험적으로 만든 경험이 있는 나리아키라는 본격적으로 사쿠라지마의 조선소에서 서양식 군함을 제작해 1854년 12월 진수시켰다. '쇼헤이마루'라는 이름을 붙여 1855년 막부에 헌상한 이 배는 배수량 370톤, 전장 31m, 포 10문을 탑재하고 있었다.
>
> 막부는 페리 내항 직후 에도막부 내내 금지되었던 대선의 제조를 허락하고 사쓰마, 사가, 도사, 쵸슈 등 대선 건조에 뜻이 있는 번들에게는 오히려 장려하기까지 했다.
>
> 대선 해금 이후 사쓰마는 적극적인 근대 해군 정책에 나선다. 1853년 11월 나리아키라는 범선 13척과 증기선 3척의 건조를 신청했고 막부는 2~3척을 막부에 유상 인도하는 조건으로 허가했다. 이 중 2척은 막부에 인도되었고 2척은 초기 사쓰마 해군의 주력함으로 사용되었다.
>
> 페리 내항 직후 막부가 창설한 나가사키의 해군전습소에 번사들을 보내 네덜란드 교관들로부터 항해술, 조선술, 기관학 등 교육을 받았으며, 여기서 공부한 사쓰마 번사들이 1855년 자체 증기기관을 장착해 소형 증기선을 만들었다. 에도의 사쓰마 번저에서도 해군전습소 1차 교육 참가자들이 증기선을 만들어 1857년 사쓰마 해군 함선으로 사용했다.

나리아키라의 확고한 의지로 일찍부터 함선 건조와 해군전습소 교육을 통한 항해술 습득에 진력한 것은 사쓰마 해군의 바탕이 되었으며, 후일 메이지 정부가 들어선 뒤에도 일본 해군의 중추를 사쓰마 출신이 장악하는 결과를 낳게 된다.

솔병상경 사건과 나마무기 사건은 무위무관의 히사미쓰를 명군이었던 형 나리아키라에 버금갈 정도의 인물로 중앙 정국에 각인시키고, 사쓰마번 내에서는 '국부'라는 칭호를 들을 정도로 1862년에 실행한 그의 모험은 성공적이었다.

그러나 분큐 개혁의 성과를 안고 돌아온 히사미쓰에게는 많은 난제가 기다리고 있었다. 사쓰에이 전쟁(1863.7) 배상금(25,000파운드)을 막부로부터 빌려 영국에 지급해야 했고, 영국군의 함포 사격과 화재 등으로 엄청난 재산상 피해를 입은 사쓰마의 피해 복구는 온전히 그의 몫이었다.

급변하는 국내외 정세에 대응하기 위한 군사력 증강도 필수적이었다. 사쓰에이 전쟁에서 영국군의 신무기에 압도당했다고 판단해 영국을 통하여 엔필드 스나이더 후장식 소총과 장거리 포격이 가능한 암스트롱포를 대거 구입했다. 어제의 적이었던 영국을 통해 1864년~1865년 11척의 증기선을 구입했는데, 이는 다른 번은 물론 막부의 구입량보다도 훨씬 많은 수량이었다.

이러한 집중적인 복구 노력 끝에 파괴되었던 집성관이 완전히 복구되자, 히사미쓰는 영국 해군의 포로가 되었던 고다이 도모아쓰의 건의를 받아들여 미래를 위한 인재 투자에 나서 19명을 영국에 유학 보낸다. 사쓰마의 유학생들이 일본을 출발한 것은 조슈 파이브가 출발한 것보다 2년 뒤였으나 이들은 런던대학교에서 만나게 된다.

경쟁자이자 앙숙으로서 조우한 양 번 소속의 유학생들이 이국에서 점차 서로 친해지면서 국내에서는 생각하지도 못했던 일본이라는 국가공동체 의식을 갖게 된 것은 후일 메이지유신을 추진하는 주도세력에게는 또 하나의 큰 자산이 된다.

| 목숨을 걸고 해외 유학에 나선 19인의 사쓰마인을 기린 '젊은 사쓰마의 군상'(가고시마중앙역 동쪽 출입구 광장)

사쓰마의 영국 유학생

사쓰마는 번의 서양학 교육기관(개성소)에서 양학교육을 받은 번의 자제들을 중심으로 19명(유학생 15명, 시찰단원 4명)을 영국에 파견하게 된다. 당시 해외유학은 사형에 처해질 수 있는 불법이었기에 이들은 만일을 위해 모두 다른 이름을 사용해 유학을 떠났다.

이들 시찰단과 유학생들도 귀국 후 메이지유신기의 일본 근대화에 대단한 기여를 한다. 시찰단원 데라시마 무네노리는 후일 외무경과 문부경을 역임했으며 일본 '전기통신의 아버지'로 불린다. 유학생 중에는 도쿄상과대학(현 히토쓰바시 대학)의 설립자이자 초대 미국공사와 초대 문부대신을 지낸 모리 아리노리, 오사카 증권거래소와 상공회의소 등을 설립해 상공업 발전에 크게 기여한 고다이 도모아쓰 등을 대표적으로 손꼽을 수 있다.

런던 만국박람회의 경험을 바탕으로 막부는 1867년 파리 만국박람회에 의욕적으로 참가했다. 그해 말 막부가 사라질 운명인지도 모른 채….

그러나 현지 박람회장에는 일본관과는 별도로 사쓰마류큐국이라는 전시관을 따로 마련해 사쓰마번이 참가하고 있었다. 박람회 주최측에 막부가 강력히 항의하여 국가를 의미하는 '국' 자는 결국 뺏지만, 막부 말기 사쓰마의 서구화를 향한 강한 의지와 함께, 제2차 조슈 정벌에 실패하여 무너져가는 막부를 대하는 사쓰마의 위세를 엿볼 수 있는 장면이다.

일본의 웅번들이 태세를 전환해 서구화 경쟁으로 돌입한 이 시기 조선의 상황은 어떠했을까?

수십 년간 이어진 안동 김씨의 세도정치로 관리들 사이에는 매관매직과 뇌물이 횡행하고, 조세 징수 체제인 삼정의 문란으로 학정을 참다못해 농민들은 봉기를 일으키거나, 탐관오리의 수탈을 당하지 않는 산속으로 들어가 화전민이 되어 유랑하고 있었다.

1862년에는 진주 농민봉기를 필두로 2년간 수십 곳에서 농민봉기가 발생해(임술 농민봉기) 조선 정부는 진압에 애를 먹었다. 이런 사회현상을 반영하듯 '인내천(사람이 곧 하늘)'이라는 인간평등 사상을 배경으로 최제우가 창시한 동학이 전국적으로 대유행하자 체제 전복의 위협을 느낀 정부가 최제우를 체포해 '사도난정의 죄'로 처형했다(1864년).

교조주의적 유학인 성리학에 입각하여 조선의 지배층 양반 사대부는 성리학만을 정학(正學, 올바른 학문)으로 보고 나머지 학문과 사상은 모두 사학(邪學, 사악한 학문)으로 규정해 아예 싹을 없애고 있었다. 약 7백 년 전 남송의 주희에 의해 만들어진 학문을 유일한 진리로 숭배하는 암흑 세계의 조선은 한 걸음도 어둠에서 벗어나려 하지 않고 있었다.

3장

◆

웅번의 경쟁과 연합

1. 조슈번의 고난과 기사회생

1) 금문의 변

분큐 개혁으로 신설된 교토수호(守護)직은 교토의 경비와 치안을 책임지는 자리다. 히사미쓰의 솔병상경 시 교토 경비와 치안 유지에 허점을 보였던 막부로서는 히사미쓰가 밀어붙이는 막부 개혁의 공세 속에서도 이를 보완하지 않을 수 없었다. 분큐 개혁의 협상 중 막부는 이 직책을 밀어 넣어 관철시키고 전통의 막부 충성파 아이즈번의 번주를 교토수호직에 임명했다. 아이즈번 번주는 자신이 교토로 데려온 정규군 외에, 존왕양이 지사 등 위험한 낭인들을 현장에서 즉결 처분하는 별동대를 신설했는데 이것이 막부 말 악명 높았던 '신센구미(新選組)'다.

신센구미는 아이즈번 출신뿐만 아니고 교토 주변에 떠돌던 낭인들 중에서 검술이 뛰어난 자들로 조직되었다. 이들은 '검술의 달인으로 막부가 공인했다'는 점과 '낭인 생활을 청산하고 막부 특별 조직의 구성원이 되었다'라는 자부심으로 과잉 진압과 현장에서 즉결 처결을 하기 일쑤였기에, 이들은 '미부(교토의 지명)의 늑대'로 불리며 공포의 대상이었다.

> **이케다야 사건**
>
> 8.18 정변으로 실각한 조슈번의 존왕양이 지사들은 형세 반전을 도모하기 위한 거사를 꾸미고 있었다. 1864년 6월 이들은 황궁을 방화한 소란을 틈타 천황을 다른 장소로 옮겨 보호하려는 계획을 세웠다. 말이 보호지 사실상 천황 납치 계획이었다. 천황을 수중에 넣은 후 존왕양이라는 조슈번의 진의를 상주하여 양이의 조칙을 내리게 하고, 교토수호직 마쓰다이라 가타모리를 참살할 모의를 꾸며 6월 5일 밤 교토의 여관 이케다야에 모여서 거사를 실행하기로 약속했다.
>
> 그러나 신센구미가 이를 눈치채고 대장 곤도 이사미가 직접 지휘하여 이케다야를 습격해 조슈번의 존왕양이 지사 약 20명이 현장에서 참살되었다. 약속 시간보다 먼저 왔다가 사람이 덜 모인 것을 보고 자리를 뜬 기도 다카요시는 목숨을 건졌다.

조슈번 지사들이 참살된 이케다야 사건이 야마구치에 전해지자 조슈번은 일전불사의 분위기로 급변했다. 기병대의 일부가 선봉에 서고 중신들이 이끄는 부대들이 속속 뒤를 따랐다. 구사카 겐즈이는 교토에서 합류했다. 1864년 7월 18일 밤을 기해 하마구리문['금문(禁門)'이라고도 부르는 에도성 서쪽의 문]으로 진격해 사쓰마·아이즈 연합군과 대치했다. 당시 교토는 유배에서 돌아온 사이고 다카모리가 지휘하는 사쓰마번의 병력과 아이즈번 병력이 공동으로 경비와 치안을 맡고 있었다.

대치 끝에 대규모 전투가 벌어졌다. 대포까지 동원한 치열한 전투로 인해 지금도 하마구리문에는 그때의 탄흔이 남아있다. 전투 중 조슈군이 천황의 어소 방향으로 발포한 일 때문에 조슈는 천황에 의해 '조적(조정의 적)'으로 찍히게 된다.

전투가 진행되며 수적으로 열세인 조슈군은 점차 밀리면서 결국 괴멸되고 많은 인재를 잃었다. 조슈군 잔존 세력이 공경의 저택으로 후퇴해 저항하자 막부군이 불을 질렀다. 이는 3일간의 대화재로 확산되어 교토 가옥의 2/3가량인 28,000여 호가 전소되는 대피해를 입히게 된다(금문의 변 또는 하마구리문의 변).

| 하마구리문
천황과 관련된 물품에는 극존경어 '어'(御 일본발음 '고')를 붙인다. 그래서 일본어로는 '하마구리 고몬'으로 불린다.

조슈는 금문의 변으로 피해가 막심했다.

그간 조슈 주도의 정국에서 큰 역할을 했던 구사카 겐즈이 등 많은 인재를 잃었다. 무엇보다도 전통적인 '근왕(존왕)의 번'으로 오랫동안 존숭받았던 영예로부터 '조적'이라는 범죄 집단으로 추락한 불명예는 이후 오랫동안 조슈를 괴롭히는 커다란 정치적 부담으로 작용한다. 또 수개월 후 조슈번은 천황의 조적에 대한 추토령에 이은 막부의 조슈 정벌령에 맞닥뜨려야 했으며, 막부가 멸망할 때까지 교토와 에도의 중앙 정치 무대에는 얼씬거리지 못한다.

8.18 정변에 이어 금문의 변으로 또다시 사쓰마에 패하자 조슈는 사쓰마와 불구대천의 원수가 되고 말았다. 조슈의 사무라이들은 '토회간살적(討會奸薩賊)'이라는 부적을 신발 밑에 붙여 밟고 다녔다. 회(會)는 아이즈, 살(薩)은 사쓰마를 의미하니 간적 같은 아이즈와 사쓰마를 밟아버리겠다는 의지의 표현이었다.

2) 막부의 제1차 조슈 정벌

금문의 변으로 큰 타격을 입은 조슈는 한 달도 안 되어 또 다른 전쟁과 맞닥뜨려야 했다. 양이 실행에 대한 4개국 연합함대의 2차 보복(시모노세키 전쟁 1864.8.4)으로 조슈번이 항복했다.

설상가상(雪上加霜).

조적이 된 조슈에 대해 천황은 추토령을 내렸다. 칙령이 막부에 전달되자 막부는 전국에 조슈 정벌을 위한 동원령을 내렸다. 35개 번에서 총 15만 명이 동원된 조슈 정벌군의 사령관은 오와리번주였고, 선봉장은 사쓰마의 사이고 다카모리였다. 사이고는 직접 공격보다는 조슈의 내분을 기다리는 전략을 택했고, 예상대로 조슈에는 내분이 일어났다.

정벌군을 맞을 조슈의 마지막 어전회의(번주가 참석한 회의를 번에서는 '어전회의'라 불렀다)에서 막부와 전쟁을 불사한다는 강경파(이들은 자신들을 '정의파'로 불렀다)와 막부를 따르는 것이 번을 살리는 길이라는 공순파(정의파는 이들을 '속론당'이라 불렀다) 가신들 사이에 격렬한 논쟁이 벌어졌다. 어전회의에서 정의파를 주도했던 이노우에 가오루가 귀갓길에 피습되어 중태에 빠지고 중신 스후 마사노스케가 할복하자 결국 다카스기 신사쿠 등 정의파는 실각하고 조슈는 막부에 항복하였다.

막부는 금문의 변에서 조슈군을 이끌었던 세 중신의 목과 그들 부관의 사형을 요구했다. 조슈는 할복한 세 명의 목을 막부군에 전달하고 부관들을 사형시켰다. 중신들의 수급을 확인한 정벌군 사령관은 조슈번주 부자의 반성문 제출, 막부 허가 없이 천도한 야마구치성의 해체, 그리고 5명의 존왕양이파 공경을 막부군에 넘길 것을 추가로 요구했다.

조슈는 반성문을 제출하고 야마구치성을 허물었다. 문제는 기병대가 보호하고 있는 존왕양이파 공경들이었다. 기병대는 이들의 인도를 거부하고 있었다. 협상이 깨질 우려가 생기자 사이고가 직접 기병대

지도자들을 만나 공경들이 조슈를 떠나 다른 곳으로 가도록 권했다. 조건이 갖춰지자 1864년 12월 정벌군 사령관은 정벌군의 목적이 모두 달성되었음을 선언하고 정벌군의 해산을 명했다.

1864년은 조슈번 최악의 고난의 해였다.

3) 코잔지(功山寺) 거병(회천 의거)

공순파의 번정 장악으로 다카스기 신사쿠는 10월 말 야밤을 이용해 하기를 탈출했다. 일단 야마구치로 피신했다가 11월 시모노세키 산간 지대에 숨어버린 기병대 캠프를 찾아갔다. 당시 기병대 군감(2인자)을 맡고 있던 야마가타 아리토모에게 속론당 타도를 위한 궐기를 촉구했으나 냉정한 야마가타는 승산이 없다며 거절했다. 부하의 거절에 실망한 신사쿠는 후쿠오카로 도주해 은거했다.

신사쿠는 시모노세키로 건너와 기병대의 제대장들을 개별적으로 접촉하기 시작하여 12월 15일을 거사일로 잡아 제대장들에게 병력을 인솔해 코잔지(功山寺)로 집결할 것을 명했다.

한편 8.18 정변에서 조슈번 번사들의 호위를 받으며 쫓겨 내려온 산조 사네토미 등 존왕양이파 공경들은 그간의 망명 생활에 지쳐 있었다. 그중 1인은 사망했으며 또 다른 1인은 숨어있을 때가 아니라며 존왕양이 활동을 위해 일행을 떠났다.

조슈가 막부군에 항복하고 공순파가 번정을 장악하자 생명의 위협을 느낀 공경들은 야마구치에서 시모노세키 산속에 있는 코잔지로 옮겨 은거하고 있었다. 막부는 항복한 조슈번에 이들 5경을 막부에 넘기라고 요구하고 있었다. 존왕양이파의 상징인 이들을 제거하지 않으면 반막부 활동이 끊이지 않을 것이라고 보았기 때문이다.

공순파가 장악한 조슈번에서 이들의 목숨은 바람 앞의 등불이었다. 전국의 존왕양이파는 이들이 다시 천황의 부름을 받아 재기하기를 학수고대하였고, 이들이 겪는 고초와 위기는 전국 존왕양이파의 각별한 관심사였다.

신사쿠는 이 점을 거사의 명분으로 활용하기 위해 코잔지를 집결지로 택했다. 그런 면에서 볼 때 신사쿠는 단순한 행동대장이 아니라 정무적 감각도 매우 뛰어난 인물이다.

| 1327년 창건된 코잔지(일본 국보).
다카스기 신사쿠가 거병한 코잔지. 모리 가문이 융성하기 전 이 지역을 수백 년 지배했던 오우치 가문의 마지막 당주 오우치 요시나가가 모리 모토나리에 의해 멸문지화를 당한 곳이기도 하다. 오우치 가문은 백제 성왕의 아들 임성태자의 후손으로 알려져 있다.

거사일에 제일 먼저 달려온 부대는 이토 히로부미의 역사대였다. 당시 이토는 30명가량의 역사대를 이끄는 부대장이었다. 하급 무사의 축에도 못 끼던 이토가 기병대에 들어와 처음으로 부하들을 가진 부대장이 되었다. 곧이어 유격대 등이 도착하여 그날 밤 약 80명이 신사쿠의 지휘하에 공순파가 집권한 조슈번을 접수하러 죽음을 각오하고 출발한다.

조슈번의 정규군은 당시 2천 명 정도였으니 계란으로 바위 치기라 할까…. 도저히 승산 없는 싸움이었다. 신사쿠는 마지막이라고 생각하고 그간 자신을 재정적으로 후원해왔던 존왕양이파 상인의 동생에게 묘비명이 적힌 유서를 보냈다.

> **조슈 남아의 용기**
>
> 코잔지 거병(회천 의거) 시 다음과 같은 일화가 전해진다.
>
> 병력 점검과 준비를 마친 후 신사쿠는 출진 보고를 위해 다섯 공경의 거처에 들어갔다. 공경의 좌장인 산조 사네토미는 차를 한 잔 권한 후 신사쿠에게 물었다.
>
> "신사쿠야 정말 자신 있느냐?"
>
> "이제야말로 조슈 남아의 간담(용기)을 보여드리겠습니다."
>
> 신사쿠는 답변 대신에 짤막한 말과 함께 하직 인사를 한 후 말에 올랐다. 코잔지에 있는 5경 거처의 앞마당에는 이 답변을 뒤로 한 채 말을 타고 박차고 나가는 신사쿠의 동상이 있다.

| 코잔지 신사쿠 회천의거 기마상

눈이 많이 쌓인 엄동설한의 겨울밤 극소수의 병력으로 거병한 신사쿠는 시모노세키에 있는 조슈번의 봉행소를 습격해 식량과 군자금을 확보했다. 이어 그날 밤 호후로 이동하여 항구에 정박 중인 군함 3척을 강탈했다. 전광석화 같은 신사쿠의 기습 공격에 하룻밤 만에 전세가 급변했다.

관망하던 기병대에 동요가 일어나 결국 눈치를 보던 야마가타 아리토모의 기병대 본대 약 200명이 합류했다. 번에서는 천 명의 정규군을 보냈다. 정규군 지휘부는 그간 정규군과 크고 작은 갈등을 빚어온 기병대를 이번 기회에 토벌해 아예 기병대의 씨를 말리려 했다. 그러나 몇 번의 전투에서 기병대가 승리하여 결국 공순파 정권은 붕괴된다.

1865년 2월 24일 번주 부자가 중신들과 함께 신사에서 내란의 종식을 고함으로써 다카스기 신사쿠의 쿠데타는 성공했다. 신사쿠는 번주를 모시고 야마구치로 돌아가 신정권을 수립했다.

조슈번은 신사쿠의 세상이 되면서 '무비공순(武備恭順)을 통한 부국강병'을 번정 방침으로 정했다. 외형상 '공순'이 들어가 막부를 의식한 듯했지만 '무비를 통한 부국강병'에 방점이 찍혀 있다. 부국강병을 위해 양이를 헌신짝처럼 내던지고 독자적으로 서구와 교섭해 시모노세키항의 개항을 추진했다.

무엇을 위해? 목표는 결국 토막이었다. 신사쿠는 스승의 제자들 중 맏형이자 행정과 기획의 달인 기도 다카요시에게 정무 일반을, 야마가타 아리토모에게 기병대의 전력 증강을 맡기며 목표를 향해 나아갔다.

일본인들은 신사쿠의 코잔지 거병을 '회천의거(回天義擧)'라고 부른다. 회천(回天, 가이텐)이란 하늘의 기운을 돌린다는 뜻이다. 비세였던 상황을 기적적으로 뒤집을 때를 의미하는 조어가 아닌가 싶다.

> **가이텐 특공대**
>
> 참고로 제2차 세계대전 말기 전황이 극도로 비세인 상황에서 미군 함정에 충돌하는 일본군 인간 어뢰 부대(자살특공대)의 명칭이 가이텐특공대였다. 어뢰의 명중률을 높이기 위해 어뢰에 1인이 탑승해 발사 후 수동으로 미세 조종하여 미군함 선체에 부딪히는 자폭부대였다.
>
> 공중에서는 자폭 비행기를 몰아 미군함 함상으로 떨어지는 가미가제(神風)특공대, 해저에서는 가이텐(回天)특공대…. 가마쿠라막부를 정벌하러 온 여몽연합군을 초토화시킨 태풍[일본인들은 가미가제(神風, 신의 바람)로 불렀다]처럼, 극소수의 병력으로 기적적인 성공을 거머쥔 다카스기 신사쿠처럼, 일본사에서 일어난 기적을 바라며 제2차 세계대전 말기 일본군은 발악했다.

코잔지 거병은 도저히 불가능할 것 같았던 조슈 정규군과의 전투에서 승리해 신사쿠가 번정을 장악하게 만들었다. 이를 바탕으로 이후 막부를 무너뜨리고 메이지유신에 이르기까지의 긴 여정에서 정의파의 조슈번은 일본 근대사를 움직인 핵심적 추동 세력이자, '조적'에서 '신정부의 공훈자'로 역사적 대전환에 성공한 주역이다. 그런 의미에서 코잔지 거병은 신사쿠 개인은 물론 조슈번 그리고 천황가의 회천이기도 하다.

4) 전번일치의 군 체계 확립

 기병대가 정규 사무라이군을 이기기는 했으나 조슈군의 내부에는 큰 문제가 도사리고 있었다. 정규군과 기병대의 갈등을 포함하여 기병대 제대 간 지휘체계의 불통일 문제였다.

 전통적인 사무라이로 구성된 정규군과 신식군인 기병대 사이에는 크고 작은 갈등이 일상화되었으며 서로 상대방을 인정하지 않고 있었다. 또 기병대의 인원을 급속히 확충하기 위해 제대장들이 인원 선발을 마구잡이로 하고 자신이 대장이라는 감투를 쓰다 보니 통일된 훈련, 지휘 체계를 제대로 확립하는 게 당면과제였다.

 야마구치에서 촌의(시골 마을 의사) 집안 출신인 오무라 마스지로는 일찍부터 오사카, 나가사키에서 난학과 서양의학을 배운 후 귀향해 의사로 활동했다. 서양병학 등 난학에 출중했던 그는 1853년부터 우와지마번(현 에히메현)에 초빙되어 서양의 군사학 서적 번역과 군함 제조 등에 관여하다가 이름이 나자 막부의 번서조소 교수로 채용되었다.

 난학과 서양병학으로 이름을 날린 그가 조슈번 출신임을 알게 된 기도 다카요시 등의 노력으로 1860년경 조슈번의 번사로 귀번하게 된다. 명륜관의 교관으로 재직하며 국민개병제를 꿈꾸었던 오무라는 신사쿠의 기병대 성공을 눈으로 확인하고 번주의 신임을 바탕으로 조슈번의 군제 개혁을 단행했다. 전번에 걸쳐서 기병대라는 동일한 군대로 통일시키고 군정권과 군령권을 통일시켰다(1865). 이로써 조슈번은 숙원 사업이었던 전번일치의 군제를 확립하고 일본 최초로 국민개병제 방식의 번 군대를 보유한 번이 되었다.

> **육군의 아버지 오무라 마스지로**
>
> 오무라 마스지로의 경륜을 높이 산 메이지 신정부는 오무라를 병부대보(국방차관)으로 임명해 조슈번 성공 모델인 징병제를 전국으로 확대하여 추진한다. 오무라는 장교를 양성할 사관학교 부지를 물색하러 다니다가 징병제를 반대하는 조슈번 출신의 사무라이들에게 피습되어 사망한다(1869).
>
> 후일 오무라 마스지로는 '육군의 아버지'로 추앙받아 야스쿠니 신사 앞에 동상이 놓인다. 그런 면에서 '육군의 교황'으로 불리며 육군 참모총장, 육군 원수에 이어 총리를 2회 역임한 야마가타 아리토모는 오무라가 어렵사리 개척한 길을 따라가서 성과를 이뤄낸 인물이라고 볼 수 있다.

2. 삿초동맹과 제2차 조슈 정벌

1) 삿초동맹

　공순파를 몰아내고 다카스기 신사쿠의 정의파가 조슈에서 재집권하자 막부가 가만히 있을 리 없었다. 1차 정벌 때 막부의 요구로 허물었던 야마구치성을 다시 도읍으로 삼고, 조슈 신정권의 최종 목표가 토막이라는 것을 눈치챈 막부에서는 번주 부자에게 에도 출두명령을 내렸다. 그럼에도 이런저런 이유로 막부의 방침과 영에 불응하는 조슈번을 그대로 두어서는 막부 체면이 말이 아니었다.

　막부는 제2차 조슈 정벌을 준비하고 있었다. 막부의 침공을 눈앞에 둔 조슈는 최신식 서양무기가 절실했으나 조적으로 찍혀 있는 데다가 막부의 감시도 엄중해 비록 자금은 있었으나 신무기 구입이 불가능했다.

　이즈음 도사번 출신의 존왕양이 지사 사카모토 료마가 삿초동맹의 운을 띄우기 위해 조슈번의 문을 두드린다. 일찌감치 탈번해 존왕양이 활동을 해온 료마는 토막을 위해서는 다수 번의 존왕양이파가 연합해야 한다는 생각을 굳힌 인물이었다. 탈번 후 사쿠마 쇼잔, 가쓰 가이슈 등 여러 스승을 만나며 견문을 넓힌 료마가 가졌던 생각은 '일군만민(一君萬民)' 사상이며 이는 일본이 가야 할 길이라고 확신했다. 일군만민은 '한 명의 왕 밑에 모든 백성이 있다'는 뜻이다. 따라서 일군만민 사상에는 당연히 막부의 존재는 없으며, 만민 사이에는 번의 경계나 신분의 차별이 없는 평등사회를 지향하기에 토막운동이 내포되어 있다.

　료마는 두 웅번인 사쓰마와 조슈가 손을 잡지 않으면 토막이 불가능하다고 확신했다. 8.18 정변과 금문의 변을 거치면서 앙숙이 된 두 번이 먼저 신뢰부터 쌓아야 한다고 료마는 생각했다.

　사카모토 료마는 2000년 아사히 신문이 일본인들을 대상으로 앙케이트 조사한 결과 지난 천 년 사이에 가장

| 사카모토 료마

존경하는 인물 1위에 오른 인물이며, 소프트뱅크 손정의 회장이 가장 존경한다는 인물이다. *사카모토 료마의 일생에 관하여는 졸저 〈한일 근대인물 기행〉 95~103쪽 참조.

> ### 가쓰 가이슈와 사이고 다카모리의 첫 만남

시간을 조금 거슬러 올라가 보자.

제1차 조슈 정벌을 앞둔 1864년 9월 11일 막부의 고위 인사 가쓰 가이슈와 사쓰마번의 사이고 다카모리가 처음 얼굴을 마주했다. 공의정체론을 주창해 온 후쿠이번(번주 마쓰다이라 슌가쿠) 번사의 알선으로 마련된 이 자리에서는 정벌 후의 조슈번 처리 문제 등 향후 정국에 관한 논의가 있었을 것이다.

이때 가쓰로부터 막부의 실상과 일본의 미래에 대한 전망을 들은 사이고는 큰 충격을 받았다. 가쓰는 세계 정세와 일본의 상황을 설명한 후 "막부 내부에 인재가 없기에 이제 막부 체제는 희망이 없다. 사쓰마 등 웅번들이 연합해 공화제를 이루는 것이 일본의 미래를 위해 최상책이 아닌가 생각한다"고 말했다. 막부의 최고위직으로부터 막부의 솔직한 실상과 막부 소멸 이후의 얘기를 듣는다는 것은 청천벽력이었다. 더욱이 진영 논리를 초월한 그의 해박한 정세 인식과 향후 일본의 나아갈 방향에 관한 통찰력에 사이고는 경탄했다.

사이고는 가쓰를 만난 후 친구 오쿠보에게 다음과 같은 편지를 보냈다.

"실로 놀라운 인물이다. 두들겨 패줄 심산으로 만났지만 완전히 머리를 숙이고 말았다. 얼마나 지략이 있는지 모를 정도였다. 학문과 견식은 사쿠마 쇼잔이 발군이지만 실제 일을 다루는 솜씨는 가쓰 선생이 최고다. 정말 반해 버렸다."

후일 가쓰는 사이고에 대해 다음과 같이 평했다.

"식견과 논리 면에서는 내가 나았지만, 천하대사를 짊어지는 것은 결국 사이고가 아닐까…, 내심 생각했다."

이처럼 상대방에 대한 첫 대면에서의 호감은 결국 후일 일본의 큰 행운으로 돌아온다.

한편 사이고 등 사쓰마의 지도자들은 이번에 조슈가 멸망하면 막부의 다음 표적은 자기들이 될 수도 있겠다는 불안감이 엄습했다. 막부 체제 이후의 공화제를 위해서는 조슈야말로 최적의 파트너가 아닐까? 조슈가 사라지면 사쓰마의 미래도 없어질지도 모른다는 생각이 들었다. 이때 료마가 사쓰마 명의로 무기를 구입해 조슈에 넘겨주자고 사쓰마를 설득했다.

사쓰마의 도움으로 나가사키에 무역회사 가메야마샷추를 운영하던 료마는 1865년 윤5월 시모노세키를 방문해 사쓰마 명의로 기선과 무기를 구입하는 방책을 이토 히로부미와 이노우에 가오루와 상의하여 7월~8월 가메야마샷추를 통해 이를 성사시킨다.

그해 가을부터 료마는 탈번 동지와 함께 교토, 나가사키, 조슈 등지를 바삐 오가며 두 번의 주요 지도자들과 계속 접촉한다. 주로 사쓰마의 사이고 다카모리, 오쿠보 도시미치, 고마쓰 다테와키와 조슈의 다카스기 신사쿠, 기도 다카요시, 이토 히로부미 등을 만났다. 10월 료마는 조슈의 기도와 신사쿠를 만나서 "곧 사쓰마의 가로인 고마쓰 다테와키가 번병 수백 명과 함께 교토로 상경할 일이 생겼는데 경유지인 조슈로부터 군량 협조를 받을 수 있는지" 의사 타진을 하여 이를 성사시켰다.

교토의 정세를 파악한 고마쓰와 사이고는 분위기가 무르익었다고 보고 료마를 통해 삿초동맹을 위해 조슈의 기도 다카요시를 초대한다. 그러나 기도가 상당 기간 망설이자 다카스기 신사쿠와 이노우에 가오루가 대임을 위한 분발을 촉구했다. 결국 기도 일행은 그해 연말 조슈를 출발해 1866년 1월 7일 교토의 사쓰마 번저에 도착한다.

정작 삿초의 실세 지도자들이 직접 대면했음에도 그 누구도 동맹을 맺자고 선뜻 제안하는 사람이 없었다. 몇 번의 만남에도 회담은 아무 성과 없이 겉돌며 열흘이 흘러갈 정도로 두 번 사이에 감정의 골은

깊었다. 뒤늦게 료마가 회담에 동참하며 번의 감정을 내려놓고 천하의 대사를 도모하자는 호소를 통해 삿초동맹을 위한 협의가 시작되었다.

마침내 1866년 1월 21일 교토의 사쓰마 번저에서 막부 순찰대 신센구미의 눈을 피해 격론 끝에 료마의 조정으로 양측의 합의가 이루어졌다. 그 유명한 삿초동맹이다. 막부의 조슈 정벌에 사쓰마는 불참한다는 것과 조슈가 조적의 누명을 벗는 데 사쓰마가 노력한다는 것이 삿초동맹의 핵심 내용이다.

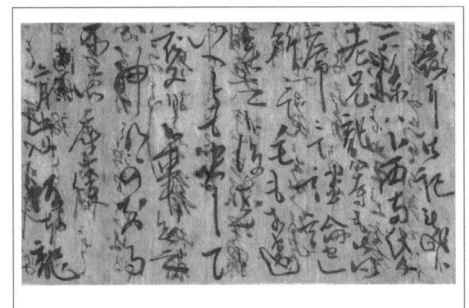

| 삿초동맹 문서
내용 중 고(小)는 기도 다카요시, 니시(西)는 사이고 다카모리, 류(龍)는 료마를 뜻한다.

表に御記成被候六条は小西両氏及老兄龍等も御同席にて談論せし所にて毛も相違これ無き候、後来といへとも決して変り候事はこれ無きは神明の知る所に御座候

앞에 기록되어 있는 6개조는 고(小)니시(西) 양측 및 형제 류(龍) 등과 함께하여 담론하였으며, 이에 대해서는 한 치의 거짓도 없다. 장래라고 하여도 결코 변질될 일은 없음을 천지신명께서도 알고 계시는 바이다.

숙원을 달성한 료마는 여관 데라다야로 가서 쉬던 중 신센구미의 습격으로 부상을 입지만 여종업원 오료의 도움과 사쓰마군의 치료로 목숨을 건진다. 죽을 뻔한 료마에게 조슈로 떠난 기도 다카요시의 편지가 날아든다. 회담에서 사쓰마와 약속한 사항을 료마가 입회자로서 확인해 달라는 요청이었다. 료마는 부상당한 오른손으로 기도의 편지지 뒷면에 회의에서 합의한 내용을 보증했다. 삿초동맹이 문서로서 완성된 것이다.

사쓰마는 료마를 보호하기 위해 위험한 교토를 벗어나 사쓰마로 데려갔다. 사이고는 그사이 오료와 결혼한 료마에게 사쓰마에 좋은 곳이 많으니 모든 것을 잊고 쉬면서 요양에 전념하라고 권했다.

지금의 가고시마, 좋은 곳이 얼마나 많은가? 사쓰마의 환대 속에 료마는 온천과 명승지로 오료를 데리고 다니며 행복한 시간을 만끽했다. 풍운아 료마의 일생 중 가장 행복한 시기였다. 일본인들은 이를 일본 최초의 신혼여행이라고 부른다.

2) 제2차 조슈 정벌과 막부의 침몰

1866년 5월 막부는 제2차 조슈 정벌을 공식화하며 이를 중지하는 조건으로 조슈번주 부자의 에도 출두, 조슈번 석고 10만 석 삭감을 강화 조건으로 제시했다. 조슈번은 번주 출두 명령에 대해 탄원서를 지참한 번주 대리와 중신을 막부에 보냈으나 막부는 번주 대리를 감금하고 탄원서를 돌려보냈다.

결국 강화 조건을 조슈가 거부하자 막부는 선전포고를 하고(6.5) 오시마를 포격하며 제2차 조슈 정벌 전쟁이 시작되었다(6.7). 오사카에

진을 친 막부군은 4곳의 조슈번 경계에서 침공해 들어갔기에 이 전쟁을 4경전쟁이라고도 한다.

> **사경전쟁**
>
> 사경전쟁(四境戰爭)의 네 곳은 세토 내해의 오시마(조슈의 동남쪽), 산요 지방의 게이슈(조슈의 동쪽), 산인 지방의 세이슈(조슈의 북동쪽), 큐슈 방면의 고쿠라(조슈의 서남쪽)이다. 당초 막부는 사쓰마번에 하기를 공격하라고 명하여 5곳으로 진격하기로 했으나 삿초동맹의 밀약으로 사쓰마는 출병하지 않았다.

대진한 양 진영의 병력 차가 워낙 컸다. 조슈군은 4천 명 수준이고 정벌군 병력은 15만 명이었기에 모두 조슈의 멸망을 예상했다. 그 누구도 사쓰마가 이미 조슈 편으로 돌아선 것을 눈치채지 못했다.

그러나 막부군은 숫자에 비해 사기나 무기가 형편없었다. 무엇보다도 동원된 여러 번병들의 전투 의지가 없었다. 이미 제1차 조슈 정벌 때 막부의 항복 조건을 수락해 이번 정벌의 명분이 없다는 조슈의 항변이 동원된 번주들 사이에 먹혀들었다. 게다가 전비 부담을 우려한 번주들은 내심 전쟁을 원하지 않았다. 어영부영 시간을 때우다 보면 1차 정벌 때처럼 전투 없이 종료될 수도 있으리라 기대했을지도 모른다.

조슈번이 믿고 있는 구석이 또 하나 있었다. 사카모토 료마의 중개로 사쓰마번으로 위장한 무기 구매단(이토 히로부미, 이노우에 가오루)이 그해 나가사키로 파견되어 무기 구매상 글로버로부터 최신식 미니에총 4천 정을 포함한 소총 약 7천 정과 함선을 구매하였다.

크림 전쟁에서 영국군이 처음 사용해 러시아군을 격파하는데 큰 기여를 한 미니에총은 명중률이 높아 막부군의 주력 화기 게벨총보다 10배의 위력이 있었다. 사거리도 게벨총은 100m에 불과했지만 미니에총은 300m나 되었다. 단순 계산상으로도 신무기로 무장한 조슈군은 4천 명의 10배인 4만 명의 위력을 가졌다는 얘기다.

> **토마스 글로버와 신무기**
>
> 글로버는 막부 말기~메이지 초기 일본에서 활약한 스코틀랜드 출신의 상인이다. 무역회사 자딘 매디슨의 직원으로 일하다 상하이에서 1859년 나가사키로 이동한 후 자신의 회사를 설립하여 무역을 하였다. 초기에는 녹차 등을 수출하다가 일본의 무기 수요가 커지자 무기상이 되었다. 사쓰마, 조슈 등에 신무기를 팔았으며, 조슈 파이브와 사쓰마 유학생들을 자딘 매디슨 상회를 통해 영국에 유학을 가도록 알선하기도 했다.
>
> 사가번과 다카시마 탄광을 개설하였고 나중 미쓰비시가 인수하자 소장으로 취직하기도 하였다. 기린맥주의 전신인 재팬브루어리 창업에 관여하여 사장을 맡기도 하였다. 그는 일본 여자와의 사이에 아들을 두었으며 이들이 살던 저택이 현재 나가사키에 글로버 정원(일본명: 그라바엔)으로 남아 있다. 글로버 정원은 푸치니의 오페라 나비부인의 모티브가 되었다고 한다.

| 나가사키에 있는 글로버 정원의 저택

조슈번은 육상전은 오무라 마스지로에게, 해전이 필요한 고쿠라와 오시마 방면은 다카스기 신사쿠에게 책임을 맡겼다. 신사쿠는 신혼여행 중인 료마에게 SOS를 쳤다. 해군전습소 출신으로 고베 해군훈련소의 설립과 운영에 참여했고 상선을 이용해 무역회사를 운영하는 료마보다 함선을 잘 다루는 사람은 없었기 때문이었다.

료마는 신혼여행을 급히 중단하고 사쿠라지마호를 지휘해 막부와의 해전에 참전했다. '사쓰마 명의로 구입한 함선을 이끌고 조슈를 위해 막부와 전투를 벌이는 사카모토 료마', 반막부 연합-삿초동맹의 상징적 장면이다.

료마의 포격 지원을 받은 야마가타 아리토모가 500명의 기병대를 이끌고 상륙전을 전개해 승리하는 등 오무라, 신사쿠, 료마, 야마가타 등의 활약으로 조슈는 수차례 전투에서 모두의 예상을 뒤엎고 막부군에 승리했다.

연이은 패전에 스트레스를 받아 쇼군 이에모치가 7월 20일 오사카성에서 병사했다. 8월 막부의 해군 총독 가쓰 가이슈가 칙명을 받아 조슈번에 제의해 휴전협약이 체결되자 막부는 정벌군을 해산했다.

휴전으로 포장했지만 조슈의 국민병 기병대가 막부의 직업군 사무라이군을 이긴 역사적인 승리였다. 이제 사람들은 토막과 왕정복고를 공공연히 떠들었다.

> **이키(폭동)의 빈발**
>
> 막부가 조슈 정벌을 벌이는 동안 막부의 근거지 에도와 오사카에서 물가 앙등으로 대규모 폭동이 일어났다. 농민들은 막부 붕괴가 임박했음을 눈치채고 폭동을 일으켜 연공 징수에 저항하고 마을 상류층의 권위에 도전하는 일이 빈번했다. 이런 현상은 막부 통치 마지막 2년간 두드러졌는데, 1866년 도시 폭동은 35회, 농민 반란은 106회였다. 또 막부가 존속한 마지막 해인 1867년에는 정체불명의 축제 소동이 오사카에서 에도에 이르는 중앙지대의 여기저기서 벌어졌다. -앤드루 고든, 〈현대일본의 역사1〉, 이산, 135쪽-

바야흐로 막부 체제가 붕괴되고 있음을 모두가 느끼고 있었으며, 새 세상에의 기대감이 확산되고 있었다.

1867년 중요한 인물이 역사의 무대에 등장하고, 막부 체제를 무너뜨리는 데 혁혁한 공을 세운 두 명의 젊은이가 역사의 무대에서 사라진다.

고메이 천황이 사망하자 1867년 초 16세의 소년이 그 자리를 계승한다. 바로 메이지 천황이다. 메이지는 수년 전 등극한 조선의 고종과 동갑이다.

한편 막부를 패퇴시킨 후 승리를 즐길 겨를도 없이 신사쿠는 그간 그를 괴롭히던 결핵으로 사망한다(1867.4). 28년이 채 못 되는 짧은 인생이었다. 근대 일본의 새벽 막부 말~유신 초 개혁의 최대 추진세력은 조슈번이었고, 조슈를 추동시킨 것은 바로 그였지만 그렇게 갈망하던 새 세상이 오기까지 1년도 채 남지 않은 상태에서 다카스기 신사쿠는 역사의 무대에서 사라졌다.

같은 운명을 예감해서였을까, 그의 사망 소식을 들은 료마는 오열하며 하늘을 원망했다.

다카스기 신사쿠(高杉晉作)와 도교안(東行庵)

신사쿠는 정실부인 마사코가 있었지만 한평생 떠돌아다니는 지사의 운명을 이해한 애인이자 존왕양이 동지인 오우노의 요양보호를 받으며 세상을 떠난다. 오우노는 기병대의 본거지였던 곳에 신사쿠의 묘소가 마련되자 출가하여 이곳에 도교안[東行庵, 도교(東行)는 신사쿠의 법명]이라는 암자를 짓고 죽을 때까지 신사쿠의 명복을 빌었다. 후일 오우노가 사망하고 그녀의 묘도 이곳에 같이 있다.

| 신사쿠의 묘

| 오우노의 묘

3. 사후(四候) 회의와 대정봉환

 이이 나오스케가 천황의 칙허 없이 체결한 통상조약은 계속 여진을 만들어내고 있었다. 막부는 이 문제로 조정에 약점을 보였을 뿐만 아니라 전국의 존왕양이파와 개혁적인 다이묘들로부터 거센 비난을 받고 있었다.
 조약 체결 당사자인 서구 각국은 일본 내부의 이런 사정을 몰라서 처음에는 막부에 조약의 이행을 촉구했으나, 막부의 어려운 처지를 이해하고 나서는 분큐사절단 파견에 도움을 주고 효고항 개항을 5년 연기하기로 하였다(1863.1.1에서 1868.1.1로). 이 과정에서 천황의 칙허가 중요하다는 것은 깨달은 서구 각국은 막부에 천황의 칙허를 언제 얻을 수 있는지 압력을 넣기 시작했다. 또한 천황이 꺼리는 효고항 개항이 연기된 날짜에라도 개항될지 초미의 관심을 나타내고 있었다.

 1865년 9월 영국, 프랑스, 미국, 네덜란드 4개국 대표는 조정과 막부에 압박을 가하기 위해 효고로 이동했고, 쇼군도 오사카로 이동해 대응에 나섰다. 오사카 회의를 통해 막부는 효고항 개항을 결정했으나(9.25) 교토에서 뒤늦게 달려온 요시노부가 이의를 제기하고 천황의 칙허 없이 효고항 개항 결정에 관여한 두 로주의 책임을 추궁했다. 분큐 개혁으로 정사총재직에 오른 요시노부는 교토에 상주하며 조정과 막부를 조율하는 공무합체의 핵심 축이었다.

막부의 결정 내용을 뒤엎는 요시노부의 행태에 쇼군이 사표를 내는 일까지 발생했으나, 사표 파동을 잘 수습한 요시노부는 결국 쇼군과 함께 교토에 가서 조의를 개최하였다. 4개국 함선이 고베 앞바다에 집결한 상태에서 요시노부는 전쟁 위협을 언급하며 칙허를 요청했고, 공경들은 칙허에 반대하며 외국 선박의 철수부터 주장했다. 회의가 난항을 겪자 공경 고노에 타다후사는 4후 등 현명하고 유력한 다이묘 회의를 통해 칙허 문제를 결정하자고 제안하여(사쓰마번의 번론이었다) 조의에서 결정되었다(10.4).

다음날 이 결정을 들은 요시노부는 다른 번이 개입하는 것을 반대하면서 공경들을 위협하여 결국 통상조약에 관한 칙서를 얻어냈다. 문제는 칙서에 효고항의 개항을 금지한다는 단서가 달려 있었다.

개항 예정일이 다가오면서 효고항의 개항 문제는 막부가 해결해야 할 뜨거운 감자였다. 이를 뒤집기 위해서는 유력 다이묘들과의 협의를 거쳐 공론화하는 과정이 필요했다.

1867년 4월 히사미쓰는 정국의 주도권을 장악하고자 4후회의를 소집했다. 4후(후쿠이번 마쓰다이라 슌가쿠, 우와지마번 다테 무네나리,

사쓰마번 히사미쓰, 도사번 요도공)는 5월 초부터 협의에 들어갔으나 의견을 통일할 수 없었다. 서구의 무역 확대 정책을 잘 알고 있는 히사미쓰는 막부의 무역 독점 때문에 번들이 서구와의 무역에 나설 수 없다며 서구를 설득하고 있었고 이는 조슈도 마찬가지였다. 효고항 개항을 계기로 서구와의 조약 체결권을 천황이 가져가고, 무역의 이익을 개별 번이 갖도록 하는 것이 히사미쓰의 최종 목표였다. 단기적으로는 천황 칙허가 있을 때까지 효고항 개항을 연기하고, 삿초동맹에 따라 조적의 불명예를 안고 있는 조슈에 대한 사면 처분을 받아내려고 했다.

그러나 정치적 감각이 탁월했던 신임 쇼군 요시노부의 정략에 밀려 쇼군과 함께한 4후회의는 히사미쓰의 의도와는 다르게 흘러갔다. 게다가 히사미쓰가 조정에 공을 들여 얻은 "효고항 개항 문제를 4후와 협의하라"는 조정의 내부방침이 취소되고, 조정의 철야회의에서 쇼군의 사퇴 발언 끝에 효고항의 개항 칙허가 내려졌다(1867.5.24). 취임한 지 몇 개월 안 된 쇼군 요시노부의 완벽한 승리였다.

분노한 히사미쓰는 결국 토막으로 방향을 전환할 수밖에 없었다. 1867년 6월 교토의 사쓰마 번저에 잠입한 조슈의 야마가타 아리토모에게 자신의 권총을 징표로 내주며 토막의 결심이 확고함을 조슈번주에게 전하도록 당부했다. 삿초가 끝까지 힘을 합쳐 막부를 타도하자는 이날 회합에는 사쓰마의 가로 고마쓰 다테와키와 사이고 다카모리도 합석해 있었다.

삿초동맹의 리더들은 에도막부를 무력으로 토벌하려고 했다. 그러나 사카모토 료마는 생각이 달랐다. 전면전을 벌이기에 막부는 여전히 강할 뿐 아니라 무력으로 막부를 쓰러뜨리려면 일본 전체에 엄청난 큰 혼란과 희생이 따를 것이라고 료마는 판단했다.

그는 쇼군이 천황으로부터 위임받아 수백 년간 행사한 대정(통치권)을 천황에게 되돌려주고(대정봉환), 그 밑에서 쇼군도 하나의 다이묘로 신정권에 참여하는 그림을 구상했고 이를 행동으로 추진해 나갔다. 공의정체론의 완결편인 공화제 계획을 구체화한 것이다.

1867년 즈음 공의정체론에 기반한 대정봉환은 료마만의 독창적 생각은 아니었다. 사가번의 오쿠마 시게노부 같은 하급 무사도 쇼군에게 대정봉환을 설득하러 교토에 갔다가 체포되어 송환된 일이 있었다.

료마는 토막파인 삿초의 지도자들에게 자신의 계획을 설득했다. 동시에 1867년 초 고향 도사번의 참모 고토 쇼지로를 찾아가 설득하며 자신의 구상을 전 번주 요도공에게 전하도록 했다. 그해 여름 료마는 나가사키에서 효고로 가는 도사번 선상에서 고토에게 선중팔책을 제시해 종전의 대정봉환론과 함께 요도공을 설득케 했고, 곧이어 교토에서 사쓰마와 도사번 사이에 대정봉환과 공의정체 추진을 맹약할 때(삿도 맹약) 중개자로 참여한다.

> **선중팔책**
>
> 1987.6.9. 료마가 배 안에서 구상한 신정부의 8가지 정책은 대정봉환, 양원제 의회 설치, 인재 등용과 관제 개혁, 국제 교류 확대, 신법전 제정, 해군 확장, 황실과

수도를 방위할 어친병 설치, 금은을 국제시세에 맞추도록 하는 등의 8가지는 현대 사회에서도 무리 없이 적용될 만한 당시로써는 획기적인 내용이었다.

그동안 도사번은 삿초에 비해 개혁과 주도권 경쟁에서 뒤처져 있었다. 비록 은퇴해 술을 입에 달고 살면서 현실에 초연한 것처럼 행세했지만 요도공은 내심 중앙 정계에 도사번의 영향력 확대를 끊임없이 엿보고 있었다.

7월부터 참모 고토 쇼지로가 정국에 대한 설명과 함께 대정봉환에 대한 본격적인 설득에 들어갔으며, 급변한 환경에서 제자리를 못 찾아 헤매고 있는 막부에 도사번이 먼저 계책을 냄으로써 향후 정국에 상당한 발언권을 가질 수 있다는 계산이 섰다. 마침내 요도는 료마의 구상을 채택하고 자신이 직접 대정봉환건백서를 작성해 10월 초 막부에 정식으로 접수했다.

| 술잔을 들고 있는 야마우치 도요시게 동상
요도공으로 더 알려진 야마우치 도요시게는 안세이 대옥으로 근신처분을 받자 막부에 반발해 33세의 이른 나이에 은퇴했다. 이후 술을 입에 달고 살면서도 번정에 큰 영향력을 미치는 막후 실세로 활약하였다.

한편 료마의 설득으로 토막을 일단 보류하고 사태를 지켜보던 삿초의 지도자들은 대정봉환 건의서가 접수된 지 1주일이 지났어도 막부의 움직임이 없자 토막 실행을 결정했다. 두 번주는 교토로 진군했고 사쓰마의 오쿠보 도시미치는 교토에서 천황으로부터 토막 칙허를 받는데 진력했다. 마침내 10월 14일 오쿠보는 막부 토벌에 관한 밀칙을 손에 넣었다.

공교롭게도 같은 날 마지막 쇼군 요시노부는 교토 니조성에서 40여 번의 중역회의를 열었다. 이 자리에서 도사번 대표로 참석한 고토 쇼지로는 대정봉환의 필요성을 쇼군에게 절절히 설득했고, 이의를 제기하는 번이 하나도 없자 막부는 대정봉환을 결정하고 천황에 제청했다.

| 대정봉환을 결정한 니조성의 중역회의를 묘사한 우키요에

며칠 후 향후 정국을 준비하던 료마는 교토에서 탈번 동지와 함께 자객의 습격을 받아 절명했다(1867.10.20). 새 세상을 같이 만들자던 다카스기 신사쿠가 사망한 지 반년 만에, 막부 멸망을 알리는 왕정복고 쿠데타가 채 한 달도 남지 않은 때 사카모토 료마는 풍운아 32년의 삶을 마감했다.

눈을 한 번 돌려보자. 이 시기 조선의 상황은 어떠했을까?

흥선대원군의 개혁 조치로 인해 양반에게도 세금을 징수하고 세도 정치를 없애며 탕평책을 펴는 등 조선 왕조는 모처럼 활력을 찾는 듯했다. 그러나 왕조의 재정 수준에 맞지 않는 대규모 경복궁 중건 공사로 인해 백성들의 원성이 높아졌다.

이즈음 조선도 서구와의 접촉이 생겨나고 있었다. 1866년 천주교를 탄압해 약 8천 명이 순교하자(병인박해), 프랑스 신부의 사망을 응징하기 위해 출동한 프랑스군을 배척했다(병인양요). 또 미국 상선 제너럴셔먼호 사건을 통해 대동강에 침입한 외국인을 모두 몰살시킨 일로 5년 후 미군과의 교전이 강화도에서 벌어진다(신미양요). 비록 무기는 들고 왔지만 이들의 최종 목표는 조선과의 수교와 통상이었다.

대원군의 강력한 쇄국 방침으로 인해 이 기회를 개방화 및 서구화의 방향으로 이끌지 못하고 더 강력한 쇄국책에 빠진 것은 '근대화'라는 역사의 발전 방향과 정반대로 간 '우물 안 개구리'의 처사였다. 성리학 왕조 조선의 한계였다.

4장

◆

메이지 유신

1. 왕정복고 쿠데타

"…외국과의 교제가 번성한 현 상황에 조정의 권력이 통일되지 않으면 국가를 통치하는 근본 원칙이 서지 않으니, 대정을 조정에 반환하여 널리 천하의 공의에 힘쓰고 성단을 우러러 동심협력하여 국가를 보호하지 않으면 안 된다…" -대정봉환 상주문-

1867년 10월 14일 쇼군이 막상 대정봉환을 결정해 상주문을 제출하자 세상 분위기가 급변한다. 많은 다이묘들과 백성들이 쇼군의 대결단에 놀라며 환호하고 신임 쇼군 요시노부의 인물됨에 대해 칭송했다.

> **1987년 대통령 선거**
> 마치 우리나라의 1987년 대통령 선거 분위기와 비슷했을 것이다. 전두환 정권에 이어 체육관 선거로 불렸던 간선제 대통령 선거로 군인 출신 노태우 후보는 군부 정권을 이어가려 했다. 하지만 수십 년 군부 정권을 종식시키려는 야당과 대다수

국민들의 저항에 직선제 개헌을 공표하고 그날(6.29 선언)부터 폭발적 인기를 얻었다. 결국 그는 그해 연말 3김씨(김영삼, 김대중, 김종필)를 제치고 대통령으로 당선되었다.

정권 인수 준비가 전혀 안 된 조정은 석고량 10만 석 이상의 다이묘 상경 칙령을 내렸으나, 대정을 다시 쇼군에게 위임할 수밖에 없었다. 요시노부는 서구의 공사들을 불러 모아 대정봉환을 하더라도 외교는 막부가 계속한다고 큰소리치고 있었다.

이에모치의 사망으로 공석이 된 쇼군 자리를 4개월 만에 취임한 후(1866.12) 추진한 가시적인 막부의 개혁 조치와 속도도 백성들의 기대를 모으고 있었다. 대정봉환 후의 신체제가 양원제를 근간으로 하는 공화제이며 요시노부는 상원의장이 되어 다른 다이묘들을 리드할 것이라는 공의정체설도 그럴듯하게 유포되고 있었다. 대정봉환 열흘 후 요시노부는 쇼군직 사표를 제출했으나, 조정은 다이묘 회의에서 결정할 것이라며 사표를 수리하지 않았다.

유신 3걸(조슈번의 기도 다카요시, 사쓰마번의 사이고 다카모리와 오쿠보 도시미치) 등 삿초의 지도자들은 위기의식을 느꼈다.

여태까지 숱한 희생을 감수하고 노력해 온 토막운동이 다시 요시노부의 실권 장악으로 돌아갈 기세였다. 이에 조적으로 낙인찍힌 조슈에 비해 자유로운 사쓰마가 움직였다.

사이고 다카모리는 군대를, 오쿠보 도시미치는 조정 공작을 맡았다. 교토 조정에는 오쿠보과 얘기가 잘 통하는 천황의 책사 이와쿠라 도모미가 있었다. 이와쿠라와 오쿠보는 사쓰마번이 주도하는 무력 지원으로 막부 지지파를 조정에서 축출할 쿠데타를 꾸몄다.

  10월 중순에 내려진 조정의 상경 명령에 따라 번병과 함께 상경한 다이묘는 극소수였다. 다이묘들은 조정보다 막부의 눈치를 더 보고 있었다. 사쓰마번이 3천 명의 번병과 함께 제일 먼저 상경했고, 히로시마번·도사번·나고야번·후쿠이번의 다이묘가 소수의 번병과 함께 상경해 있었다.

  1867년 12월 8일 저녁부터 이튿날 새벽까지 조정은 조적으로 지목된 조슈번에 대한 처분을 전면 재검토해 번주 부자의 관위를 복구하고 교토 입경을 허가했다. 또 존왕양이파 5공경을 사면하고 이와쿠라 도모미의 근신을 해제하는 안건을 통과시켰다. 조정 입장에서 장기 숙제였던 과제를 밤샘 회의를 통해 끝내고 공경들이 퇴장하자 사전 각본대로 이미 교토에 진입해 있던 사쓰마 등 5개 번의 번병들이 9개 궁궐 문을 장악했다. 도사번의 번주와 군사들은 하루 전날 겨우 도착한 상태로 거사에 참여할 수 있었다.

  이날 오전 간밤에 사면된 이와쿠라 도모미가 주도하여 천황 친필의 왕정복고의 칙령을 메이지 천황으로부터 받아 고가쿠쇼(어학문소)에서 대기하고 있던 황족과 공경, 다이묘들 앞에서 공표했다. 이것이 바로 일본에서 '왕정복고의 대호령'이라고 부르는 궁정 쿠데타다. 수백 년 만에 천황의 친정이 개시된 것이다.

왕정복고의 칙령

"도쿠가와 내대신이 종전에 위임받아 집행하던 대정을 반납하고 쇼군직을 사임한다는 두 조항을 이번에 단호히 윤허한다. 계축년(1865) 이래 미증유의 국난으로 선제(고메이 천황)께서 여러 해 마음을 번민하신 바는 두루 알려진 사실이다. 이에 왕정복고와 국위만회의 기초를 세우니 이제부터 섭정·관백과 막부 등은 모두 폐지한다. 우선 임시로 총재·의정·참여의 삼직을 두어 만사를 처리하게 하며, 모든 일은 진무 천황의 개국정신으로 돌아가 문무를 막론하고 상하의 구별 없이 마땅한 공론을 다 하여 천하의 기쁨과 근심을 함께할 것이다. 각자는 근면히 힘써 오랜 교만 태만의 악습을 씻어버리고, 진실로 충성과 나라에 보답하는 마음가짐으로 임하라…"

| '왕정복고' 시마다 보쿠센 작(1931)

그날 밤 일부 다이묘 등이 참여한 왕정복고 후 최초의 어전회의가 열렸다. 도사번의 요도공이 "이런 중요한 자리에 도쿠가와 가문의 사람이 한 명도 없는 것은 당치 않다"며 이의를 제기했다. 후쿠이번의

마쓰다이라 슌가쿠도 오랜 세월에 걸친 도쿠가와 가문의 공헌에 대해 장황하게 이야기를 이어가자, 이와쿠라가 슌가쿠의 말을 끊으며 "도쿠가와씨는 처벌해야 할 적"이라고 하였다. 그러자 요도공이 "일부 불충한 무리들이 어린 천황을 겁박해 이런 사태가 벌어졌다"고 발언하면서부터 매우 중요한 논의사항을 앞두고 분위기가 험악하게 바뀌었다.

매우 중요한 논의사항이란 바로 천황의 친정을 위한 필수불가결한 전제조건인 쇼군의 사관납지(辭官納地)였다. 사관납지란 쇼군이 조정에서 받았던 내대신이란 관위를 사임하고 쇼군이 가진 막부직할령을 천황에게 반납한다는 의미다.

정회 중 난항을 겪는 회의 분위기를 전해 들은 사이고는 "단도 한 방이면 해결된다"고 말했다. 사이고의 무력 사용을 암시하는 분위기가 전해진 후 개회된 어전회의에서 쇼군 요시노부의 사관납지가 만장일치로 의결되었다. 결국 그간 삿초가 추진해왔고 이와쿠라와 오쿠보가 기획한 대로 왕정복고의 쿠데타가 이루어졌다. 약 270년을 이어온 에도막부가 멸망하고, 가마쿠라막부 이래 약 700년 간의 사무라이 정권이 종말을 고한 것이다.

도대체 막부는 왜 웅번에 패했을까?
세계적인 근대화의 거대한 물결이 일본에도 들이닥쳐 구체제가 휩쓸려 사라진 게 아닐까? 유학, 국학 등 학문과 사상 면에서 언제부터인가 천황과 백성의 중간에서 권력을 휘두르는 막부의 존재에 의문부호가 붙기 시작했다. '천황이 쇼군보다 높은 것 아닌가?'에서 시작한

물음은 '천황이 있는데 왜 막부가 필요하지?'라는 인식으로 발전했다. 이런 인식은 존왕양이운동과 함께 확산되면서 일군만민 사상이 광범위하게 유포되었다.

간단히 생각하면 막부 체제라는 것은 수백 년 전 쇼군이 대정을 천황으로부터 위임받을 때부터 언제가 다시 반납할 운명을 가진 구조적으로 매우 취약한 체제였다. 잠시 맡겨두었던 권력을 원주인이 이제는 돌려달라고 하고, 국민들이 원주인에게 돌려주는 게 맞다고 하는데 달리 방도가 있을까? 시민사회의 미형성으로 당시 일본 국민은 자신이 주인인 줄 몰랐다.

그런 의미에서 구체제의 단단한 껍데기를 깨고 근대화를 성취하기에는 막부 체제가 조선의 왕조 체제보다 훨씬 유리했다. 서양세력의 출현이라는 외부 충격에 단단한 조선의 왕조 체제는 땅속에 깊이 박혀 버리고, 눈에 보이지 않는 구조적 실금이 있는 일본의 막부 체제는 같은 충격에도 깨져버렸다.

미국과 유럽을 다녀와 서구를 소개한 후쿠자와 유키치의 〈서양사정〉은 일본 열도를 엄청난 충격으로 강타했다. 지배층과 지식인은 물론 일반인들도 일본의 막번 체제와는 전혀 다른 선진 외부세계의 사정을 알게 되었다. 요도공의 핵심 참모인 고토 쇼지로는 〈서양사정〉을 읽고 세계정세를 알게 되었고 일본의 변화가 절실함을 깨달았다. 요도공의 지시로 도사번 대표로 참석한 막부의 마지막 중역회의에서 쇼군에게 대정봉환을 설득할 때 쇼군 역시 이 책을 읽고 세계의 대세에 정통하고 있어서 자신을 놀라게 했다고 후일 술회했다.

> **〈서양사정〉**
>
> 나카쓰번(현 오이타현의 일부)의 하급 무사 집안 출신의 후쿠자와 유키치는 소년 시절 유교 경전을 공부하던 중 고루한 한학에 반발해 1854년부터 난학을 공부했다. 치열한 공부 끝에 난학에 자신감이 생기자 1858년 에도에 난학 주쿠(塾, 사설학원)를 열었는데 이것이 게이오대학의 전신이다.
>
> 1859년 미일수호통상조약 비준서 교환을 위한 방미사절단으로 미국을 방문했고, 1862년 분큐사절단으로 유럽 여러 나라를 다녀온 후 1866년 〈서양사정〉을 발간했다. 이 책은 유키치를 막부 말기와 메이지 시대 일본 제일의 계몽사상가로 우뚝 서게 한 기념비적인 저서다.
>
> 〈서양사정〉은 유럽과 미국의 역사, 정치, 조세, 국채, 화폐, 회사, 외교, 군사, 교육 및 학교제도, 신문, 도서관, 병원 등은 물론 일상생활까지 소개했다. 특히 미국과 영국의 역사와 제도에 대해 집중적으로 다루면서 의회제도와 민주주의 제도를 자세히 설명했다. 일본인들이 처음 듣는 서구의 제도와 문물을 자세히 소개한 〈서양사정〉은 일본 열도를 엄청난 충격으로 강타했다. 지배층과 지식인들은 물로 일반일들까지 막번 체제와는 전혀 다른 선진 외부세계의 사정을 알게 되어 구체제의 붕괴와 메이지 신정부의 출범에 기여했다.

낡은 봉건체제를 붙들고 어떻게든 과거의 위신을 되찾으려 안간힘을 써온 막부 입장에서는 도저히 저항할 수 없는 어마어마한 새 시대의 거대한 조류가 안팎으로 들이닥쳤음을 느꼈을 것이다.

왕정복고 쿠데타 후 메이지 천황이 신정부를 구성해 친정을 개시하자, 신정부에서 취하는 조치들은 몇백 년 만에 처음 일어나는 혁명적인 조치들이었다. 막번 체제가 무너지고 메이지 신정부가 통일된 중앙

집권 체제를 확립하고 정치·경제·사회 등 일본의 전 분야에 걸쳐 근대화를 성공시킨 일련의 광범위한 개혁 조치들을 총괄하여 '메이지유신'이라고 한다.

> **메이지유신 기간**
>
> 왕정복고의 쿠데타로 천황이 친정을 개시한 날(양력 1868.1.3, 음력 1867.12.9)부터 메이지유신은 시작되었다는 데에는 이론이 없다. 그러나 메이지유신의 종료 시기에는 확정된 정설이 없다. 학자에 따라 짧게는 폐번치현(1871) 또는 지조 개정(1873)으로 보기도 하고, 세이난 전쟁(1877)으로 정치적 안정을 찾을 때까지로 보기도 한다. 길게는 헌법을 제정한 해(1889)까지로 보기도 한다.

이 책에서는 '제4장 메이지유신'에서 메이지 신정부의 각종 정치·행정·사회적 개혁 조치와 구조조정 조치인 질록처분(1876), 그리고 식산흥업 정책을 통한 자본주의 정착 과정까지 다루고, '제5장 메이지유신에 대한 반동'에서 세이난 전쟁과 자유민권운동을 다루며, '제6장 메이지 정부의 발전'이라는 제목으로 입헌군주정의 모습을 갖추는 헌법 제정과 국회 개원(1890년)까지를 다루고자 한다.

| 메이지 천황(1873년 촬영)

2. 5개조 서문

　1868년 3월 14일 구 막부군의 산발적 저항(보신전쟁)이 일어나는 가운데 메이지 신정부는 천황, 공경, 다이묘, 대신들이 전통 관복으로 정장한 가운데 신도 의식을 통하여 신정부의 방침 '5개조의 서문(서약문)'을 대내외에 천명한다.

> **5개조의 서문**
>
> 1868년 3월 14일 군신에게 조서를 내리노라.
> 1. 널리 회의를 열어, 만사를 공론에 의해 결정한다.
> 2. 상하 마음을 하나로 하여 활발하게 경륜(국가 정책)을 펼친다.
> 3. 문무백관이 하나가 되고 서민에 이르기까지 각자 뜻을 세워 민심이 흔들리지 않기를 요한다.
> 4. 구례의 누습을 타파하고 천지의 공도에 기초한다.
> 5. 지식을 세계에 구해 크게 황기를 떨친다.
>
> 우리나라는 미증유의 변혁을 이루고자 하니 짐이 스스로 모두 앞장서서 천지신명에게 맹서하여 크게 국시를 정하고 만민보전의 길을 세우고자 하노라. 모두 이 취지에 따라 협심 노력할지어다.

이날의 의례는 유신 주도세력이 신정부의 시정방침으로 정한 5개조 서문을 천지신명에게 서약하는 종교적 의식이었을 뿐만 아니라, 천황·공경·다이묘 등 참석자 모두가 친필서명까지 함으로써 이를 지키겠다는 신정부 출범의 정치적 계약 체결의 자리이기도 했다. 불참자들은 후일에, 심지어 보신전쟁의 구 막부군에 섰던 다이묘들까지 항복한 후 추가 서명을 했다. 3년간 20여 회에 걸쳐 황족, 공경, 다이묘 등 544명의 서명을 받아 이들에게 천황의 신민임을 각인시켰다.

기도 다카요시가 확정하여 태정대신 산조 사네토미가 낭독한 5개조의 서문은 공의정치를 표방하는 등 현대적 관점에서 바라보면 특별할 것이 없는 내용이다. 새 시대를 알리는 획기적 방침이라는 것이 지금 보면 너무나 당연한 만큼 구체제인 막번 체제가 봉건적이고 후진적이었다는 뜻이다. 또 갓 태어난 신정부의 입장에서는 보신전쟁 와중에 신정부와 구 막부 사이에서 눈치를 보는 다이묘들과 외국 사절들에게 호감을 줄 만한 선언문을 공표할 필요가 있었다.

이날은 보신전쟁 중의 요시노부가 신정부 측과 협상 끝에 에도성을 스스로 열고(에도성 무혈개성) 항복하기로 결정한 날이기도 했다.

이어 윤4월 포고된 '정체서'는 '5개조 서문'을 국시로 재확인하고 강력한 중앙집권제를 펼친 고대의 율령제를 본떠 태정관제도를 부활시켰다.

그러나 지방의 통치에 관하여는 정부 직할지 부·현과 함께 다이묘의 위임 지배를 인정하여 번을 그대로 존치시켰다. 즉, 지방 정치의 방식이 직할령(종전 막부의 직할령)에 천황이 관리를 파견해 통치하는 군현제, 그리고 종전처럼 다이묘가 지배하는 봉건제가 병존하게 하였다.

유신 추진세력에게는 번에 대한 천황의 친정권을 확보하는 게 최우선적인 당면 과제로 남았다.

3. 정치 체제의 대변혁

1) 판적봉환과 폐번치현

메이지유신 정치 이념의 요점은 '일군만민' 사상을 바탕으로 천황 중심의 근대국가를 세우는 것이다.

이를 위해 하급 사무라이 출신들을 중심으로 구성된 유신 추진세력은 본인들의 주군인 다이묘가 다스리는 번을 없애고자 했다. 폐번을 통해 대대로 세습된 다이묘 직위와 특권을 없애고, 다이묘가 통치하는 영지와 영민을 천황에게 돌려주고자 했다.

그러나 이를 누가 언제 어떻게 관철시킬 것인가는 큰 숙제였다.

신설된 중앙 정부에는 직속 군대가 없는 데 반해, 번에는 수백 년에 걸쳐 형성된 주종관계에 입각한 강력한 군사력이 버티고 있었다. 오래된 이 권력을 해체하는 과정이 순탄하지 않을 것임을 유신 추진세력도 알고 있었고, 또 그들에게는 해체 과정에 대한 통일된 청사진도 없었다.

더욱이 이를 실행하려 해도 개별 번에서 부딪히는 현실적인 문제는 바로 '고양이 목에 방울 달기'였다. 자신이 그간 모시던 주군에게 다이묘에서 내려오고 몇백 년 유지된 영지와 영민을 내놓으라고 요구하는 것은 인간의 도리상 차마 못 할 짓이었기 때문이다.

이 지난한 작업을 결과적으로 판적봉환과 폐번치현이라는 2단계의 어려운 과정을 거치며 메이지 신정부가 결국 구현해 낸다.

가. 판적봉환

메이지 신정부가 갓 출범한 1868년 2월 초, 기도 다카요시는 총재국의 수뇌 산조 사네토미와 이와쿠라 도모미에게 "700년간 이어온 봉건할거의 적폐는 제번의 판적봉환을 통해 일소할 수 있으며 이를 통해 왕정복고가 실현된다"고 건백서를 제출했다. 판(版)은 영지를, 적(籍)은 영민의 호적을 뜻하니, 판적봉환이란 다이묘가 다스리던 영지와 영민을 스스로 천황에게 반납하는 조치였다. 이에 대해 산조와 이와쿠라는 이 사안을 오쿠보 도시미치와 비밀리에 상의해 추진하라고 밀지를 주었다.

이후 기도는 조슈번의 번주 모리 다카치카를 설득하여 그해 여름까지 판적봉환에 대한 내락을 받았다. 9월 중순 교토에서 기도는 오쿠보를 만나 조슈번의 과정을 설명하고 사쓰마번에도 동참을 촉구했다. 이에 오쿠보는 사쓰마번의 번론 정비 과정을 밟기 시작했으며 기도는 고토 쇼지로를 통해 도사번주의 동참을 유도했다.

| 조슈번의 유신 3걸 기도 다카요시

| 판적봉환에 처음 동의한 다이묘 모리 다카치카

　1869년 1월 중순 교토에서 비밀 회합을 한 유신 추진세력은 최종적으로 히젠번의 전 번주 나베시마 나오마사의 합류를 확인하였고, 1월 20일 자신들의 번주 삿·초·도·히(사쓰마, 조슈, 도사, 히젠 등 메이지유신을 주도한 4개 번을 함께 부르는 약칭)의 다이묘들이 판적봉환 건백서를 제출토록 유도하였다.

　이후 판적봉환은 각 번에 영향을 미쳐 2월에 78개 번, 3월에 47개 번, 4월 101개 번 등으로 확산되었다. 물론 초창기에는 눈치를 보는 다이묘들이 많았다. 유신 주도세력은 박차를 가해 마무리 짓기 위해 6월 17일 칙령으로 판적봉환 명령을 내렸다. 칙령의 선포로 다이묘는 천황이 임명하는 세습 불가의 지번사(번 지사)가 되었다.

당근책도 마련했다. 판적봉환을 완료한 번의 채무는 중앙 정부가 떠안고, 번 지사는 석고량의 1/10을 가록으로 인정했다. 동시에 판적봉환한 다이묘들과 조정의 공경들을 새로운 귀족인 화족으로 편입시켰다.

눈치를 보던 번주들이 만성적인 재정적자로 쌓인 번의 부채 부담에서 해방되고 석고량 10%에 해당하는 봉록으로 귀족 생활을 누릴 수 있다는 생각으로 판적봉환에 동참했다. 봉환이라는 것이 번주의 자발적 반환이 전제이므로 유신 추진세력은 번주들에게 당근과 채찍을 같이 구사해 초스피드로 1년 만에 판적봉환을 완료한다.

나. 중앙군 창설

보신전쟁이 신정부군의 승리로 끝나고 판적봉환이 완료되었지만 신정부의 정치 및 행정 체제와 위계질서는 매우 혼란스러웠다. 수백 년간 유지되던 막부 체제는 무너졌는데 이를 대체할 체제와 권위는 아직 확립되지 않았기 때문이다.

군사와 재정을 주요 번에 의지할 수밖에 없었던 중앙 정부의 취약성에 비해 신정부가 막부와 차별화하기 위해 천명한 공의정치는 공허했으며, 이는 신속하고 효율적인 개혁을 추진하려는 유신 추진세력에게는 방해 요인에 불과했다. 언제인가부터 공의정치를 위해 중앙 고위직에 임명된 다이묘 출신 인사들, 총 18회나 공의회에 참여한 제번의 공의인들은 불편한 존재가 되었다.

유신 추진세력에게는 더 중요한 당면 현안이 있었다. 번 지사에게는 수백 년 주군관계가 형성된 군사가 있지만 정작 천황과 중앙 정부에는 군대가 없었다. 토막을 위해 삿초동맹을 이끌어 낸 사카모토 료마도 일찌감치 선상8책에서 어친병(중앙군)의 창설을 주장하지 않았던가? 빨리 중앙군을 창설해 유사시 번 지사들을 위력으로 제압할 수 있어야 했고, 번의 군사·재정 등 행정 일체를 중앙 정부의 완전한 통제하에 두어야 했다.

1870년 말 산조 사네토미, 이와쿠라 도모미, 기도 다카요시, 오쿠보 도시미치 등 신정부의 핵심 인사들은 사쓰마와 조슈, 양번을 중심으로 중앙정부를 강화해 나가기로 방침을 정하였다. 이와쿠라가 칙사로 삿초에 파견되어 양번의 실권자(번주의 부친)인 시마즈 히사미쓰와 모리 다카치카를 만나 중앙 정치에 참여할 것을 정중히 요청했다.

사쓰마를 방문했을 때 보신전쟁의 영웅 사이고 다카모리는 삿·초·도 3개 번에 의한 친번병(중앙군) 창설을 제안하면서, 부현과 번으로 이원화된 지방에 대한 중앙 통제를 같은 기준으로 일원화해야 한다고 주장했다. 1월 초 사이고와 함께 조슈를 방문한 이와쿠라에게 모리 다카치카는 건강을 이유로 상경을 유예해줄 것을 요청하면서 어친병 창설은 확정되었다. 이와쿠라는 상경하고 유신 3걸은 고치로 이동하여 보신전쟁 시 신정부군의 일원이었던 도사번도 어친병 창설에 가담하기로 결정되었다. 이리하여 그해 4월부터 6월 말까지 3개 번에서 도합 8천 명의 군사들이 도쿄에 입성하여 비로소 어친병(중앙군)이 결성되었다. 사쓰마의 사이고 다카모리, 조슈의 야마가타 아리토모, 도사의 이타가키 다이스케가 어친병의 군사지도자였다.

다. 폐번치현

보신전쟁을 치르며 전국적으로 번의 재정상황은 매우 열악해졌다. 소규모 번과 특히 구 막부군 편에 섰던 조적번들은 영지가 대규모로 감축되어 번 지사직 사임을 청하거나 폐번을 자원하는 번이 나오기 시작했다.

이런 와중에 1871년 6월 중앙 정치에서 처음으로 삿초 중심의 유신 주도세력이 등장한다. 그간 참의로 부분 참여하던 도사번, 히젠번 출신 참의들을 모두 면직시키고 기도와 사이고 두 사람만 참의로 임명된 것이다. 오쿠보는 참의에서는 면직되었지만 대장경에 임명된 지 한 달 만에 민부성과 합병하여 재정, 식산흥업, 조세, 호적, 부현의 관원 임면권 등 지방행정까지 거머쥐게 되었다. 유신 3걸이 드디어 정국을 장악한 것이다.

그러나 7월 초 5개 번 지사의 국정자문단이 결성되고, 유신 주도세력이 진행하는 인사 및 제도 개혁문제가 암초에 걸리자 기도의 저택에 삿초의 핵심 인사들이 긴급히 모였다. 사쓰마 측에서는 사이고 다카모리와 동생 사이고 주도, 오쿠보 도시미치, 오야마 이와오(러일전쟁 시 만주군 총사령관) 등 4인이었고, 조슈 측에서는 기도 다카요시, 야마가타 아리토모, 이노우에 가오루 등 3인이었다. 의제는 며칠 전부터 야마가타를 필두로 하여 기도, 사이고, 오쿠보 등의 순으로 공감대를 형성한 폐번 실행이었다. 암초에 걸린 정국 개혁을 위해서는 일대 비약적인 조치, 즉 폐번치현(번을 폐지하고 현으로 대체함)을 실현하고 혹시 반발하는 번에 대하여는 군사적으로 제압하기 위해 삿초의 정무 및 군사지도자들의 의지를 확인하는 자리였다.

삿초의 의견이 일치되자 7월 12일 유신 3걸은 폐번치현의 큰 틀을 결정하고 산조와 이와쿠라에게 보고했다. 기도와 오쿠보로부터 폐번 계획을 통지받은 이와쿠라는 의외의 대변혁이라며 당황했다고 한다.

-가쓰타 마사하루, 〈폐번치현〉, 교유서가, 197쪽-

드디어 7월 14일 천황은 삿·초·도·히 4개 번 다이묘를 불러 2년 전 결행한 시범적인 판적봉환에 대하여 감사의 뜻을 표했다. 이어 재경 번 지사 56명 앞에서 산조는 폐번치현 칙령을 반포하고 모든 번 지사들에게 9월 중 도쿄 이주 명령을 내렸다. 유사시 신정부에 반항할 수도 있는 지방 구체제의 핵심들을 도쿄에 묶어 두는 것이야말로 신정부의 안정적 출범을 위한 필수 조건이기 때문이었다. 향후 본격적인 사무라이 계급의 정리수순을 밟을 예정인 신정부 입장에서는 이에 반발할 지방 사무라이들의 구심점을 미리 없앤 예방조치이기도 했다.

폐번치현 3개월 만에 지방행정의 단위는 276개의 번에서 72개의 부·현으로 대폭 감소하였다. 도쿄·교토·오사카의 부에는 지사를, 현에는 현령을 두었다. 현령에 임명된 사람 대부분이 과거의 다이묘 출신이 아니라 신정부를 지배하게 된 유신 추진세력의 일원들이었으니 출신으로 따지면 과거 조슈, 사쓰마 등 토막파 번의 중하층 무사들이었다. 하급 무사 축에도 못 끼었던 이토 히로부미는 27세에 효고현 지사가 되었다.

  폐번치현과 다이묘의 도쿄 이주 명령으로 1871년 하반기 일본 전역은 다이묘들의 이사 준비와 이사 행렬로 떠들썩했다. 이렇게 해서 약 270년간 존속해 오던 정치 및 행정질서가 3년이라는 짧은 기간에 큰 혼란 없이 일거에 소멸되었다. 수백 년에 걸친 다이묘의 세습 특권을 박탈하는 일방적 조치에 그 누구도 반항하지 않은 기적적인 일이 일본에서 벌어졌다.

> 1872년 일본 체류 중 목격한 일본의 대변혁에 감탄한 한 영국인은 이렇게 기록했다.
> "4년 전 우리는 아직 중세에 살고 있었다.
> 거기서 우리는 뛰어올라 19세기로 돌입했다.
> 시의 세계에서 산문의 세계로 돌입하듯이."
>
> -앤드루 고든, 〈현대일본의 역사1〉, 이산, 145쪽-

2) 태정관제도와 화족

  새 정치 질서에 맞도록 행정기구도 개편했다.

  1868년 봄 고대 율령제 하의 최고 국정기구인 태정관이 설치되어 개혁 추진세력이 독점했다. 몇 차례 조직 개편을 거쳐 폐번치현 후 1871년 8월 최고정책결정기관인 정원(태정대신, 좌대신, 우대신, 참의), 입법자문기관인 좌원, 행정기관인 우원을 두었다. 우원에는 대장성, 외무성, 문부성, 병부성, 사법성, 공부성과 신기성 등 정부 부서를 두었다.

후일 1885년 내각제가 도입될 때까지 태정대신을 수장으로 하는 이 태정관제도는 비교적 잘 운영되었다. 8.18 정변으로 실각해 곳곳을 전전하던 존왕양이파 공경 산조 사네토미는 메이지 신정부의 태정대신이 되어 우대신 이와쿠라 도모미와 함께 유신 추진세력의 개혁을 조율하고 신정부의 중심을 잡았다.

국민의 신분을 화족과 평민, 둘로 구분 정리했다. 판적봉환이 진행 중인 1869년 6월 공경과 제후(다이묘)의 칭호를 폐지하고 '화족'이란 칭호를 제정했다. 이때의 화족은 1884년 화족령이 제정된 이후의 화족과 구분하여 구화족이라 한다. 구화족은 작위가 없었다. 후일 화족령이 공포된 이후 공작, 후작, 백작, 자작, 남작의 5단계 구분이 생긴다.

사무라이 계급은 단계적으로 평민에 흡수된다. 특권이 사라지는 것에 대한 사족(구 사무라이 계급)의 불만은 메이지 신정부 출범 후 오랫동안 치안 불안의 요인이 되어 신정부를 고민에 빠뜨리게 된다.

4. 제정일치와 국가신도화

 메이지유신 중 가장 이해가 안 되는 퇴행적 조치인 제정일치와 국가신도화에 대해 짚고 넘어가자.
 건국 신화 속 초대 천황인 진무(神武) 천황의 개국정신을 강조한 왕정복고의 대호령에 이어 1868년 3월 메이지 신정부는 "이번의 왕정복고는 진무 천황의 창업시대로 되돌아가, 모든 것을 일신해 일본 고유의 신을 섬기는 일과 정치가 일치하는 제정일치의 조직으로 돌아간다"고 천명했다. 곧이어 4월 신도와 불교를 분리하고(신불분리령), 국가신도화를 구체화한다.
 사원, 불상 및 불구들이 파괴되어 전국적으로 많은 문화재가 훼손되었다(폐불훼석). 가미와 부처의 신앙이 뒤범벅된 신사에서 불상, 범종 등 불교 관련 시설물을 철거시켰다. 그러자 오랫동안 승려들에게 눌려 지내던 신관들은 낭인들과 함께 사찰을 돌아다니며 운영권을 뺏고 승려들에게 신관 전직을 윽박질렀다. 신불분리령과 폐불훼석은 수십 년 전 미토번의 번주 도쿠가와 나리아키(마지막 쇼군 요시노부의 생부)가 미토번에서 취한 정책을 흉내 낸 것이다.

제정일치와 국가신도화 정책은 봉건체제를 무너뜨리고 과학과 합리성에 입각해 서구화와 근대화를 추진하는 메이지유신의 기본방향과 전혀 어울리지 않는 원시시대에나 있을 법한 역주행 조치였다. 이 같은 무리를 감수하고 주도세력이 이를 추진한 이유는 무엇일까?

유신 주도세력은 새 체제에 정당성을 부여하기 위해 구체제에서 핍박받은 천황을 전면에 내세웠다. 문제는 천황이 오랫동안 별 볼 일 없는 존재로 사람들에게 각인되어 있다는 점이다. 무력했던 천황의 권위를 빨리 세우기 위해서는 태양의 여신 아마테라스의 자손이라는 건국 신화의 세계로 들어가는 것이 최고의 지름길이었다.

신화 속의 진무 천황과 연결 짓는 천황신격화를 위해서는 불교와의 정리가 불가피했다. 헤이안 시대 이후 약 천 년간 뿌리내린 불교 우위의 신불습합 상태에서 불교를 제거해 내야만 했다. 신도의 최상위 가미 아마테라스, 그 후손인 초대 진무 천황과 메이지 천황이 만세일계로 연결되게 함으로써 천황신격화와 국가신도화가 완성되기 때문이다.

게다가 불교는 쇼군가 등 막부의 지배층과 가까웠기 때문에 유신 주도세력은 종교 면에서도 적폐 청산과 새 시대가 왔음을 국민들에게 알려주려고 했다.

5. 이와쿠라 사절단

　메이지 신정부는 선진국의 근대문물을 직접 시찰하고 이를 개혁에 반영하고자 용단을 내렸다. 오늘날 장·차관과 국장·과장 등에 해당하는 상당수의 핵심 관료들이 무려 2년 가까운 기간(1871.11~1873.9)에 걸쳐 구미 12개국을 순방했다. 이들에게 내려진 또 하나의 숨겨진 임무는 막부 시절 서구와 체결한 불평등조약의 재협상이었다.

　이와쿠라 사절단은 특명전권대사 이와쿠라 도모미를 비롯해 오쿠보 도시미치, 기도 다카요시, 이토 히로부미 등 당시 신정부의 실세 및 각부 각 부처의 중견 관리 41명, 수행원 18명, 유학생 43명 등 100명이 넘는 대규모였다.

　이와쿠라 사절단 대표단의 구성을 눈여겨볼 필요가 있다. 유신 3걸인 기도나 오쿠보는 이해가 가는데 이들보다 격이 많이 떨어짐에도 이토가 동급의 부사로 임명되었다는 점이다. 이는 사절단의 정사 이와쿠라의 특별 요청이었다고 하니 이토는 업무 능력 외에도 사람과의 친화력이 좋았던 듯하다. 물론 이토의 영어실력도 감안되었을 것이다.

이토 히로부미와 기도 다카요시 그리고 오쿠보 도시미치

과거 출신 성분이 미천한 이토가 최초로 무사계급에 준하는 대우을 받고 조슈번에서 처음으로 한 일이 상급 무사였던 기도를 호종하여 에도에 간 일이었다. 그런 면에서 기도 가문과 이토의 집안은 비교할 수 없는 정도의 차이가 났다. 이런 점에서 대표단의 동급에 편성된 것에 대한 불편함이 기도와 이토 두 사람 간에는 있지 않았을까?

2년 동안 사절단 대표단의 일원으로 외유하며 이토는 동향의 기도보다는 오히려 사쓰마 출신의 오쿠보와 친밀해진다. 미국 체재 중 불평등조약의 재협상에 관한 견해차로 인해 오쿠보와 이토는 더 가까워지고, 기도는 오쿠보에 반대하며 둘은 이후 다른 길을 가며 정적이 된다. 귀국 후 오쿠보는 공공연히 이토를 자신의 후계자로 삼았다.

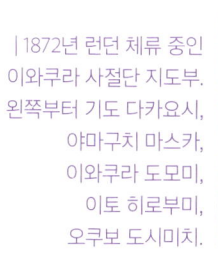

| 1872년 런던 체류 중인 이와쿠라 사절단 지도부. 왼쪽부터 기도 다카요시, 야마구치 마스카, 이와쿠라 도모미, 이토 히로부미, 오쿠보 도시미치.

사절단의 장기 공백으로 정무에 큰 차질이 빚어졌으니 메이지 신정부의 서구 따라잡기를 통한 근대화의 의지가 어느 정도인지 가늠할 수 있다. 출발하는 이들을 전송하는 태정대신 산조 사네토미의 전송사에 메이지 신정부가 이들에게 거는 기대가 담겨 있다.

"외국과의 교제는 국가의 안위에 관련되며 사절의 능력 여부는 국가의 영욕에 관계된다. 지금은 대정을 유신하고 해외 각국과 어깨를 나란히 할 때이니 그 사명을 만 리 떨어진 곳에서 완수해야 한다. 내외 정치와 대업의 성공 여부가 실로 이 출발에 달려있고 그대들의 대임에 달려있지 않은가…. 모두 이 훌륭한 뜻을 한마음을 받들고 협력해 그 직분을 다해야 한다. 나는 그대들의 뜻이 실현될 날이 머지않았음을 안다. 가라! 바다에서 증기선을 옮겨 타고 육지에서 기차를 갈아타며 만 리 각지를 돌아 그 이름을 사방에 떨치고 무사히 귀국하기를 빈다."

이들은 미국을 거쳐 영국, 프랑스, 벨기에, 네덜란드, 러시아, 프로이센, 덴마크, 스웨덴, 오스트리아, 이탈리아, 스위스를 시찰했다. 귀국길에 이집트, 실론, 싱가포르, 사이공, 홍콩, 상하이를 방문해 중동과 아시아의 후진성도 관찰했다.

이들의 외유 중 오쿠보와 기도는 1873년 초 본국으로부터 조기 귀국 요청을 받는 일도 발생했다. 개혁의 와중에 발생하는 이슈들을 조정하고 신정부의 결론을 내기 위해 유신 주도세력의 핵심인 두 사람이 역량이 절실했기 때문이다. 막상 이들이 귀국할 무렵의 일본 정국은 정한론까지 불거져 있었다.

> **이와쿠라 사절단의 귀국 후 활약**
>
> 사절단은 귀국 후 각 분야에서 일본의 근대화에 중요한 역할을 한다. 유학생들도 사절단보다 몇 년씩 더 공부를 마치고 귀국한다. 유학생들 역시 일본에서 대단한 활약을 하는데, 단 다쿠마(미쓰이 그룹 총수 역임), 오쿠보의 아들인 마키노 노부아키(문부·외무·농상무대신 역임), 일본 최초의 하버드 대학교 졸업생 가네코 겐타로(대학 동기인 시어도어 루즈벨트 대통령에게 후일 러일전쟁의 중재 요청), 여자 근대교육의 선구자 쓰다 우메코(오천 엔권 지폐의 초상) 등이 대표적 인물이다.

이와쿠라 사절단의 견문보고서 〈미구회람실기〉(1878)는 책으로 발간되어 시중 서점에서 판매되었다. 총 5편 100권의 견문록을 일반인들도 구매해 선진세계인 서구에 관한 견문을 넓힐 수 있도록 하였다.

6. 학제·징병제와 태양력 실시

 유신 주도세력은 1869년 병부성을 설치하고, 1871년 문부성을 신설해 근대 국방 행정과 교육 행정의 출발을 알렸다. 1872년 11월에는 학제와 징병령을 공포했다.
 학제는 교육을 통해 근대적 국가 구성원을 양성코자 한 메이지 신정부의 국민교육제도의 발족이었으며 일본 사회를 밑바닥부터 뒤집는 근본적인 대혁명이었다.

> 유신 주도세력은 학제의 근본 이념을 다음과 같이 천명했다.
> 1) 개인의 입신과 산업 발전을 위하여는 심신을 수련하고 지식을 습득하여 재예를 신장할 필요가 있다. 이를 위해 학문을 전수하는 곳이 학교다.
> 2) 학문은 공리허담의 봉건적 교학이 아니고 일상의 언어로 쓰기와 계산하기 등을 비롯한 모든 직업에 필요한 지식과 기술이어야 한다.

3) 교육은 신분 계급을 묻지 않고 모든 인민이 접해야 하며, 따라서 마을에 배우지 못한 집이 없고, 집안에 배우지 못한 사람이 없도록 해야 한다. 교육 비용은 관에 의존하지 않고 인민 스스로가 부담해야 한다.

이와 같은 고매한 이상을 내걸고 남녀를 불문하고 모든 어린이에게 초등교육을 의무화하였다(초기에는 3년, 1886년부터 4년). 소학교 외에 중학교, 대학교의 학제도 발표했다.

교육제도의 개혁은 700년 동안 유지된 사무라이 중심의 사회질서를 근본적으로 뒤흔든 것이었고, 오랜 세월 지배층이었던 사무라이 계급은 물론 의무교육의 대상이 된 많은 국민들의 불만을 사기 시작했다.

1873년부터 발효된 징병제는 조슈번에서 성공한 기병대의 전국 확장판으로서 국민개병제를 실시해 서구와 같은 강력한 근대식 군대를 창설하는 것이 그 목적이었다. 그러나 새로이 징집 대상이 된 계층의 반발을 최소화하고 국가 재정이 감당할 수준으로 규모를 줄이다 보니 초기에는 국민개병제의 많은 예외와 면제가 있었다. 관료, 학생, 호주 등은 징집에서 제외되었고, 대인제(큰 금액을 내면 병역을 면제시켜주는 제도)도 운용되었다.

오무라 마스지로가 신정부 초에 시동을 건 국민개병제는 그가 암살되고, 유럽 유학을 마치고 귀국한 야마가타 아리토모가 이어받아 완성하게 된다.

 그러나 징병제는 종래의 특권을 박탈당한 사족들의 불만을 폭발시켜 이후 메이지 신정부의 정치·사회적 불안의 큰 요인이 된다.

 또한 1873년 1월 1일부터 태양력이 실시되어 수천 년간 이어져 온 음력 사용의 전통을 파괴하며 유신 주도세력은 숨돌릴 틈도 없이 사회 각 분야의 개혁에 박차를 가하고 있었다.

7. 지조개정과 질록처분

1) 지조개정

  에도막부 시절 지조(토지세)는 지주가 생산량의 일정 비율을 다이묘에게 내는 제도이긴 했으나 실제 수취과정은 마을의 촌장 책임으로 마을의 생산량 중 일정 비율을 다이묘에게 납부하였다. 최종 권한이 다이묘에게 있다 보니 번마다 비율이 달랐고, 수확량과 재해 시의 감세폭 등에 관리의 재량이 많이 개입되어 부정의 소지가 컸다. 메이지 신정부 초기부터 이런 문제점들 때문에 지조개정의 필요성이 대두되었으나 여전히 다이묘들이 건재하였기에 제도 개혁의 우선순위에서 밀렸다.

  1871년 폐번치현과 다이묘의 도쿄 이주명령이 실시되자 신정부는 전답매매금지령을 폐지하고 지조개정 방침을 정했다. 1872년 가나가와 현령 무쓰 무네미쓰(후일 외무대신)가 지조개정 건의를 하자, 대장대보(차관) 이노우에 가오루는 그를 조세두(국장)로 발탁하여 조세권두(과장) 마쓰카타 마사요시(후일 총리대신)와 함께 지조개정 사업을 총괄하였다. 당시 대장경(장관) 오쿠보 도시미치는 이와쿠라 사절단으로 외유 중이라서 이노우에가 재정을 사실상 책임지고 있었다.

1873년 7월 태정관 포고로 지조개정법과 지조개정조례를 발표하여 다음 해부터 시행하였다. 주요 내용은 토지 소유자에게 지권(토지증권)을 교부하고 지가의 3%를 금납(현금 납부)하도록 했다.

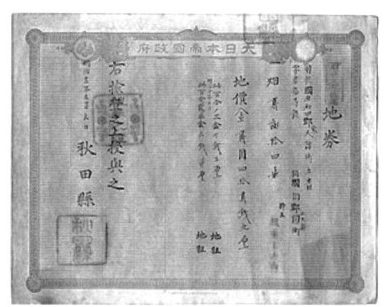
| 지권 앞면

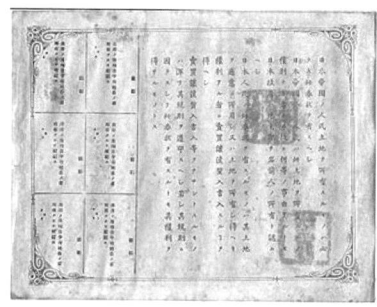
| 지권 뒷면

새 세상이 왔다는 메이지 왕정복고와 신정부의 많은 개혁 조치에도 불구하고 그간 실생활에서 변화를 크게 느끼지 못했던 농민들은 지조개정으로 인해 엄청난 체제의 변화를 실감해야 했다. 납부의 대상이 중앙 정부로 바뀌었고 소출량 비율이 아닌 정해진 금액으로 내야 했다. 쌀값이 폭등한 경우 짭짤한 성과를 향유할 수 있었지만 쌀값이 폭락한 해에 확정지가에 연동된 지조의 금액은 엄청난 부담으로 돌아왔다.

이로 인해 전국에서 일어나는 대규모 농민 폭동이 빈발하자 신정부는 1877년 지조를 3%에서 2.5%로 내리지만 쌀값 폭락 시의 농민들

불만을 잠재우지는 못한다. 누적된 농민들의 불만으로 인해 후일 최초의 중의원 선거가 실시되었을 때 농촌지역에서 많은 야당의원들이 당선된다.

> 이와 같은 부작용에도 불구하고 지조개정은 메이지 신정부와 국민들에게 다음과 같은 큰 변화를 가져온 사회적 대개혁 조치로 평가받는다.
> 1) 정부의 안정된 세수 확보
> 2) 농업 생산성의 향상
> 3) 지권 매매를 통한 토지의 사적 소유와 직업 선택의 자유
> 4) 쌀 유통시장의 대개편
> 5) 조세 징수의 투명성과 공평성 향상
> 6) 지권, 토지대장, 등기부 등 토지 등록과 공시제도의 근대적 발달

2) 질록처분

판적봉환과 폐번치현이 진행되면서 번사들의 가록(녹봉) 지급 책임을 메이지 신정부가 떠안게 된다. 사무라이 계급을 없앤 신정부 입장에서는 이들의 가록을 언제까지 계속 지불할 수도 없었다.

메이지유신의 대표적 조치로 꼽히는 판적봉환과 폐번치현의 이면에는 이들 사무라이들에 대한 가록을 감축하다가 종국에는 폐지하는

상당 기간에 걸친 신정부의 노력이 그림자처럼 뒤따르는데 이를 '질록처분'이라고 한다. 요즈음의 구조조정에 해당하므로 구조조정을 하려는 신정부와 이에 대립하는 사족의 이해관계가 첨예하게 맞부딪히는 고통스러운 과정이 상당히 오랜 기간 지속되었다.

질록처분은 가록을 삭감하는 1단계와 공채증서화 하는 2단계로 진행된다.

판적봉환 명령이 칙령으로 내려진 1주일 후인 1869년 6월 25일 태정관은 각 번 업무에 공통으로 적용될 '제무변혁(제반 업무의 변혁)'이라는 포고령을 내렸다.

> 재무변혁 포고령의 주 내용은
> 1) 번 현석(실제 수입)의 1할을 지사의 가록으로 정하여 지사의 가정과 번정을 분리하고,
> 2) 번사들의 계급 높낮이에 상관없이 모두 '사족'이라는 명칭으로 통일시켜, 사족 간에는 종전과 같은 신분 구분과 차별이 없도록 했으며,
> 3) 번 지사에게 사족의 가록을 개혁할 것 등을 요구했다.

번 지사에게 부여된 임무인 가록의 개혁이란 가록 감축을 의미했는데 이는 장차 신정부의 부담으로 돌아올 미래의 채무를 고려해 현재 지급의무가 있는 번 지사들이 알아서 줄이라는 뜻이었다.

이에 따라 각 번에서 가록 개혁이 자율적으로 이루어진다. 고소득자는 가록이 10%까지 떨어지는 번도 있었고, 일부 번 지사들은 삿초 주도의 신정부에서의 입지를 위해 공격적인 정책을 추진하기도 했다. 포고령 이후 각 번의 노력 덕분에 폐번치현 전에 이미 사족의 가록지급고는 유신 전보다 약 40% 감축되었다.

1871년 7월 폐번치현으로 번의 모든 채무를 대장성이 일괄 인수하게 됨에 따라 사족에 대한 가록 지급의무도 따라왔다. 대장성이 파악해 보니 인구 5% 화·사족에 대한 가록이 경상 세출예산의 37%를 차지하고 있어서 이른 시일 내에 정리가 불가피했다.

기도 다카요시는 이와쿠라 사절단 출발 직전 태정대신 산조 사네토미에게 신정부의 당면과제로 징병제 실시에 따른 사족의 폐지와 녹권(가록증권)에 의한 가록의 정리가 불가피하다고 의견을 올렸으며, 대장경 오쿠보 도시미치도 동의했다.

1872년 신정부는 사족에게 농업이나 상업에 종사하거나 다른 직업을 가지는 것을 허용했다. 이와쿠라 사절단의 외유 중 국내에 남은 대장대보 이노우에 가오루가 의욕적으로 녹제 폐지안을 추진했으나 유신 추진세력 간의 이견으로 사직했고 녹제 폐지 계획은 전면 보류되었다.

이와쿠라 사절단이 귀국한 후 내무성을 창설해 초대 내무경이 된 오쿠보 도시미치는 후임 대장경 오쿠마 시게노부와 공부경 이토 히로부미를 양 날개로 삼아 정국을 주도한다.

1873년 12월 신정부는 가록봉환의 접수와 녹세의 부과를 공포하였다. 가록봉환자에 대한 대가는 4~6년 치의 가록이 현금과 공채로 반반씩 지급되었다. 당시 사족은 전국에 약 42만 호 정도였는데 약 13만6천 명이 봉환에 응했다. 1875년 9월 7일 전면적인 금록(가록의 현금산정액) 지급 방침을 포고한 후 임의 신청제인 가록봉환제도는 사족의 재산형성에 도움이 안 된다는 핑계로 폐지했다.

강화도조약 체결(1876.2.26)로 조선과의 국교가 정상화되자 신정부는 사족의 특권 폐지에 전면적으로 착수했다. 국교정상화 과정에서 불거진 정한론으로 신정부를 비판해왔던 불만 사족의 큰 이유가 사라졌기 때문이다. 폐도령 포고(3.28) 다음 날 대장경 오쿠마 시게노부의 제안으로 녹제의 최종 처분(녹제 폐지와 금록공채증서 발행)이 각의에서 통과되었다.

이후 금록공채증서 발행조례가 공포되었다(1876.8.5). 금록공채는 5%~10%의 이자를 5년~14년간 지급하고, 공채증서는 5년 거치 후 25년에 걸쳐 추첨으로 정부가 순차적으로 매입하여 상환 완료하는 계획이었다.

이 원대하고 대담한 조치로 메이지 신정부는 수백 년에 걸친 구체제를 해체하는 뒷수습을 깨끗이 하고 장기적으로는 신정부의 건실한 재정 확충까지 바라볼 수 있게 되었다. 대정봉환, 판적봉환, 폐번치현의 정치적 명예혁명에 이은 또 하나의 경제적 명예혁명을 완수하는 듯했다.

그러나 결과적으로 경제적 명예혁명은 이루어지지 않는다. 신정부가 원하는 구조조정의 결과는 얻지만 일방적으로 희생을 강요당한 사족들이 반란을 일으키며 결국 피를 보게 되기 때문이다. 명예혁명은 무혈혁명을 의미하는 게 아닌가?

대폭 삭감된 원금을 기준으로 산정한 공채이자(평균 7% 이자)만으로는 생계를 유지할 수 없어서 많은 사족들이 공채를 전매해 당장의 생활비에 쓰거나 귀농 또는 장사 밑천의 전업 비용으로 쓸 수밖에 없었다. 농민이나 상인으로 전업한 사족이 경쟁력이 있을 리 없었다. '몰락사족(경제적으로 파탄 난 사족)'이란 용어가 새로 생겨났다.

이러한 경제적 희생 외에 사족에게 정신적 박탈감을 준 사건이 바로 폐도령이었다. 신정부의 개혁조치로 인해 하나둘 누리던 특권이 없어지더라도 대의를 위해 참으며 그나마 사무라이라는 신분의 상징(칼)을 차고 다니는 자부심을 위안으로 삼고 있었는데 이를 금지하자 이들은 연대해 폭발하게 된다. 이들 사족에 의한 반란은 다음 장(제5장 메이지유신에 대한 반동)에 후술한다.

8. 식산흥업

　메이지 신정부의 3대 모토는 '부국강병', '식산흥업', '문명개화'다. '부국'은 '강병'을 뒷받침하는 국력의 중요한 원천이었기에 신정부는 경제분야에서의 근대화 조치를 통해 산업과 자본주의의 육성을 도모했는데 이를 '식산흥업(殖産興業)'이라고 한다. 즉, 국가 주도의 경제발전을 꾀한 것이다.

> **식산흥업에 관한 건의서(1874.5)**
> "본시 한 나라의 강약은 인민의 빈부에 의해 결정되고, 인민의 빈부는 생산물의 다소에 의해 결정된다. 생산물의 다소는 인민의 근면과 성실에 어느 정도 좌우되지만 보다 근원적인 원인을 찾아보면 정부나 관리의 지도 및 장려의 힘이 가장 중요한 열쇠가 아니었던 적은 지금까지 한 번도 없었다." -내무경 오쿠보 도시미치가 태정관 정원(태정대신 산조 사네토미)에 제출한 건의서-

* 이와쿠라 사절단 시절 서구의 경찰제도를 통한 치안 확보에 관심을 가진 대장경 오쿠보는 귀국 후 내무성을 창설해(1873.11) 초대 내무경에 올랐고, 도쿄에 경시청을 두어 (1874.1) 권력을 장악해 나갔다. 1881년 농상무성으로 이관할 때까지 식산흥업 정책은 내무성에서 담당했으며, 인프라·관영중공업·외국기술 이전과 운용 등 업무는 공부성이 담당했다.

1) 인프라 투자

신정부는 산업과 경제의 인프라를 위한 공공사업과 제도를 우선적으로 확충했다. 항만을 준설하고 등대를 설치하는 등 연안운송을 위한 항로를 정비하였다.

1869년 일본 최초로 도쿄-요코하마 전신의 부설을 시작으로 홋카이도-삿포로 등 전국으로 전신을 확대해 나갔으며 1877년까지 전국에 4,500㎞의 전신이 부설되었다. 전국에 깔린 전신선은 급한 소식을 전하는 수단으로 일본인들의 일상에 자리 잡았을 뿐만 아니라, 세이난 전쟁의 반군 격파에 결정적 역할을 하는 등 군사적으로도 필수불가결한 중요한 수단이 되었다.

1871년 영국의 우편제도를 모방한 도쿄-오사카 우편업무가 시작된 후 3년 만에 전국에 3,000개의 우체국이 설립되었다.

신정부는 1869년 철도건설계획을 발표하고 1870년 공사에 착수해 1872년 도쿄 신바시-요코하마 사이에 29㎞의 일본 최초의 철도가 개통되어 개통식 날 메이지 천황도 시승하였다.

조슈 파이브의 일원으로 영국에서 철도 분야를 유학한 이노우에 마사루는 귀국 후 신정부에서 철도두(철도청장에 해당)에 임명되어 신바시-요코하마 철도 개통을 책임졌다. 외국인 기술 의존도를 줄이고 점차 국산 기술화를 통한 기술적 완성도를 높였으며, 철도 행정 조직을 안정화시키고, 국가 간선망 구축과 법제화를 견인했다. 관료를 그만둔 후에는 기차제조회사를 설립해 초대 사장으로서 국산 기관차 제조 기반을 닦았다.

이와쿠라 사절단의 정사로 서구를 돌아본 이와

| 요코하마를 출발하는 최초의 증기기관차를 묘사한 우키요에, 1872년

쿠라 도모미는 국가 발전에 철도의 중요성을 간파하고 돌아와 철도의 개설과 확장에 정책의 우선순위를 두었다. 1874년 오사카-고베 간, 1876년 교토-오사카 간, 1877년 교토-고베 간 철도 개통으로 일본 대도시의 철도가 주요 항구도시와 연결되어 교통과 물류에 큰 역할을 하기 시작했다.

1872년 국립은행 조례가 만들어져 이후 민간자본을 활용한 국립은행(국법에 의해 만들어진 은행을 의미함. 실제는 민간은행임)들이 곳곳에 만들어진다. 제일국립은행을 필두로 1879년까지 153개의 국립은행이 만들어졌다. 신정부는 화족과 사족이 받은 공채증서를 은행 설립 시의 자본 투자로 인정해 주었다. 1875년 신정부는 우편저금 제도를 출범시켜 국립은행과는 별개의 금융 인프라를 구축하였다. 금융 자본의 제도적 활용을 통하여 정부의 산업에 대한 지속적 육성과 지원이 가능하게 되었다.

2) 신정부의 직영 사업과 기술 지도

자본주의 시장의 미성숙으로 민간 부문이 취약하다고 보고 신정부는 광공업 분야의 다양한 사업체를 직접 설립해 운영하였다.

1873년 비단실 제사 기준을 제정하고 정부가 제사공장을 설립해 비단산업과 양잠업을 육성했다. 정부는 기술자들을 지방에 파견해 양잠업을 육성하기도 했다. 10년에 걸친 노력 끝에 비단 수출이 100% 증가하였다.

전통 농업의 활성화를 위해 1875년 삿포로농학교(현 홋카이도대학 전신)와 1877년 고마바농학교(현 도쿄농공대학 전신)를 설립해 과학적 영농 기술을 가르치고 체계적인 영농인을 육성했다.

| 1880년 즈음 삿포로농학교 모습

1870년대에는 조선소, 탄광 및 구리광산, 시멘트공장, 대포공장, 군수공장, 방적공장, 제사공장, 유리공장, 제당공장, 맥주공장에 이르기까지 모두 20여 개 이상의 대규모 관영 모범공장을 설립해 직영했다.

신정부는 모범공장의 설립 운영에 필요한 경우 기술과 경영분야의 컨설턴트 및 지도자로 외국인을 초빙하여 배우는 데에도 열심이었다. 1870년대 20여 개국에서 수천 명의 고용외국인을 초빙해 기술과 노하우를 습득했다. 초빙된 고용외국인들 대부분은 일본 정부의 고위 관료와 비슷하거나 그 이상의 급여를 받을 정도로 우대했다.

3) 박람회

외국과의 무역이 활발해지자 무기와 값싼 영국 면제품 수입 등 국제수지 적자로 인해 일본의 국부 유출이 심각해졌다. 수출증진을 위해 국가가 총력전을 펼쳐 1873년 오스트리아 빈 만국박람회에 참가했다.

빈 박람회 참가는 대성공이었으며 최고의 히트상품은 박람회위원회에서 명예대상으로 선정한 '아리타야키'라는 도자기였다.

> **히젠번(사가번, 현 사가현)의 아리타야키 유래**
>
> 히젠번의 아리타야키(아리타 도자기)는 번조인 나베시마 나오시게가 임진왜란 시 납치해 온 조선인 도공 이삼평에 의해 시작되었다. '도조' 또는 '도자기의 신'으로 추앙받는 이삼평은 정착 초기 양질의 도토를 구하기 위해 오랫동안 여러 곳을 탐색하다가 1616년 아리타 인근에서 질 좋은 자석광을 발견하고 '양질의 도토, 풍부한 땔감, 깨끗한 물'의 삼박자를 갖춘 아리타에 조선식 가마를 짓고 일본 최초의 자기

를 구워냈다. 17세기 초 세계적으로 자기를 만들 수 있는 국가는 중국, 조선 정도였기에 자기는 초고가 수입품이며 자기산업은 최첨단산업이었다.

나베시마 가문은 이삼평의 자기 생산에 사활을 걸고 지원했다. 예술성을 가미해 지배층이 선호하던 청화백자 스타일로 구워낸 이삼평의 자기는 단숨에 조정, 막부, 다이묘들의 인기를 끌면서 사가번의 황금알을 낳는 거위가 되었다. 나베시마 가문의 이삼평에 대한 신뢰는 절대적이었다. 번주는 이삼평에게 사무라이 신분을 주며 우대했고 가나가에 산베에라는 이름을 하사하였다. 아리타야키의 품질 관리를 위해 전국에서 몰려온 일본인과 조선인들을 이삼평의 의견을 구한 후 필요 없는 자는 모두 추방했다. 이삼평이 사망하자 1658년 그를 신으로 모시는 스에야마신사(현 도잔신사)가 건립되었다.

| 이삼평 비

그런 면에서 이삼평은 일본에 와서 인생 대반전을 이룬 사람이다. 조선의 미천한 공인에 불과했던 이삼평은 포로로 잡혀 일본에 온 후 첨단산업 최고의 엔지니어로 인정받아 지배계층의 대우를 받다가 죽어서는 신이 된 사람이다. 오늘날에도 매년 5월 그를 기리는 도자기 축제가 현지에서 열린다.

빈 박람회 추진위원장 오쿠마 시게노부와 현지책임자 모두 사가현 출신이었다. 이들은 아리타야키의 가능성에 확신을 가지고 적극 지원했다. 도자기는 사이즈가 클수록 기술적인 난이도가 높은데 아리타의 도예인들은 일본을 대표하는 최고의 전시품을 제작하겠다는 일념으로 2미터에 이르는 초대형 도자기를 제작했다. 초대형 도자기 화병을 본 적이 없는 서구인들에게는 놀라움과 찬탄의 대상이었다. 예술성과 화제성의 두 마리 토끼를 잡은 아리타의 자기는 찬사와 화제를 모으며 상업적으로도 큰 성공을 거두었다.

이삼평과 아리타야키의 성공 사례를 보면 기술자를 대하는 국가의 태도가 그 사회의 발전과 국력을 결정하는 게 아닌가 하는 생각을 하게 된다.

이후 도자기 수출이 본격화되고 수출 진흥을 위해 현지에 급조된 반관반민의 기립공상회사가 활약하고, 이듬해 도쿄에 정식 사무소를 개설하여 일본상품의 수출 지원업무를 개시하게 된다. 일본식 무역진흥공사의 뿌리다.

1876년 미국 필라델피아 박람회에서도 아리타야키는 금상을 수상하고, 보스턴미술관이 구입에 나섰다. 미국 미술애호가들의 아리타야키에 대한 인지도와 존재감이 크게 높아지자 기립공상회사는 1877년 뉴욕에 지점을 설치했다. 당시 기계, 화학, 조선 등 기간산업에서의 경쟁력 열위로 무역수지 적자에 허덕이던 일본에게 아리타야키는 가뭄의 단비였다.

오쿠보는 '부국강병, 식산흥업'의 슬로건 아래 내정을 제일로 하는 적극적인 근대화 정책을 추진했다. 신정권의 실세 오쿠보는 식산흥업 정책도 관장했다. 국제박람회 참여를 계기로 국내에서의 기업화 및 산업화를 장려하는 데에 박람회가 효과가 크다고 판단해 내무경 및 박람회 총재 오쿠보는 1877년 제1회 내국권업박람회를 도쿄 우에노공원에서 개최하였다. 국제박람회의 참가로 국제적, 상업적 안목을 갖게 된 메이지 신정부는 내국권업박람회에서 장래성 있는 물품, 국가 내외에 널리 팔 수 있는 것, 상품가치가 있는 것 등을 출품하도록 유도하였다.

4) 산업화와 자본주의

메이지유신 추진세력은 식산흥업을 위해 이익 중심의 장사치들이 해온 허업(虛業)이 아닌 부국강병에 필요한 실업(實業)만이 일본의 근대화에 필요하다고 생각했다. 오랜 기간 형성되어 온 상인자본과 신흥 정상(政商)자본은 정부 정책에 편승해 재벌로 변신하고, 근대적 의미의 자본주의가 탄생한다.

가. 재벌 탄생

① 미쓰이

> **에도시대의 미쓰이**
>
> 미쓰이 다카토시는 1673년 에도 니혼바시에 포목점 에치고야를 열었다. 당시 포목점의 고객은 다이묘, 막부 가신, 상층부 조닌(도시 거주 상공인)이었다. 참근교대로 에도에 모인 다이묘들은 교제와 선물용으로, 막부는 관복과 함께 포상 및 하사품으로 고급 옷감의 수요가 컸다. 포목상들은 샘플을 가지고 다이묘나 막부 고관을 방문해 주문을 받았다. 구매자들은 대량구매를 하지만 외상거래로 연 2회 정도 결제하면서 가격도 후려치기 일쑤였다.
>
> 1683년 에치고야는 최초로 찌라시(홍보 팸플릿)를 만들었다. 내용은 '정가 판매, 현금 시 가격할인, 작은 단위로도 판매'였다. 게다가 점포에서 직접 자신이 맞는 옷을 자유롭게 선택해 구입할 수 있다는 마케팅전략은 폭발적 반향을 일으키며 에치고야는 단숨에 포목업계의 선두주자가 되었다.
>
> 최고의 교토산 원단의 안정적 확보를 위해 교토에 원료 구입용 점포를 설립하는 등 원료 확보, 가공, 판매에 이르는 전 과정을 수직계열화했다. 아울러 유휴자금으로 거래처와 이자 또는 수수료를 받는 금전대출사업을 하였다.
>
> 에치고야는 에도에서 판매하는 의류와 포목의 상당량을 교토와 오사카에서 조달

하고 있었기에 교토와 오사카에 대금을 송금했다. 반면 막부는 서일본 막부직할령의 세수와 오사카 쌀시장에서 현금화한 금화와 은화를 에도로 송금하였다. 미쓰이는 에도에서 막부에 판매한 대금을 막부의 오사카에서 현금으로 받을 수 있도록 청원했다. 막부 입장에서도 막대한 양의 금은화를 에도까지 수송하는 것은 물류비와 위험이 따랐기에 청원을 허락했다. 미쓰이 가문은 정부와 1:1 신용거래에 진출하게 된 셈이며 일찌감치 다진 금융적 기반은 메이지유신 이후 은행업 진출의 기반이 되었다.

| 포목점 에치고야가 있던 자리(도쿄 주오구 니혼바시 무로마치 2-1-1 미쓰이 본관). 현재 미쓰이스 미토모신탁은행 니혼바시 지점이다.

미쓰이가에 고용된 미노무라 리자에몬은 막부 말기 미쓰이에 할당된 엄청난 금액의 막부 상납금을 로비를 통해 대폭 감축시켰다. 그는 메이지유신을 미쓰이 재출발의 신호탄으로 만들었다. 보신전쟁 초기 막부와의 관계를 부드럽게 정리하며 신정부 지지 방침을 정하면서 신정부의 신화폐(태정관찰) 등 국고 수납업무를 맡았다.

1872년 시부사와 에이치가 주도적으로 만든 국립은행조례에 따라 제일국립은행 설립에 주요 주주로 참여하고 1876년에는 별도로 미쓰이은행을 설립한다. 미쓰이은행은 설립 시 예금액 중 정부의 비율이

50%일 정도로 정부와 밀착하고 있었다. 제일국립은행은 오늘날의 미즈호은행, 미쓰이은행은 오늘날의 미쓰이스미토모은행으로 발전한다.

정부 고관이었던 이노우에 가오루는 1873년 뇌물수수 사건에 연루되어 사직해 상사를 설립했는데, 1875년 미쓰이가 이를 인수하며 미쓰이물산이 된다. 미쓰이는 포목점을 백화점 사업으로 변신하고, 종전의 금융에 이어 무역에 역점을 두게 되고 이후 광산을 불하받는 등 일본 근대산업을 지배하는 대재벌로 성장한다.

② **스미토모**

> **에도시대의 스미토모**
>
> 스미토모 마사토모는 무사 집안에서 태어났지만 교토에서 승려가 되었다. 이후 승려생활을 그만두고 1615년 교토의 절에 서점·약방을 열었는데 이것이 스미토모의 기원이다. 마사토모는 만년에 상도에 관한 〈문수원지의서〉를 남겼다. 책의 첫머리는 "장사는 말할 필요도 없이 인간으로서 모든 일에 마음을 담아 힘쓰는 것"이라고 적혀 있다.
>
> 도모모치는 데릴사위였으나 스미토모가의 2대 당주가 되어 오사카에서 구리 제련에 뛰어들었고 생부가 확립한 개량제련법(난반부키)을 사업에 활용했다. 4대 당주 도모요시가 1691년 시고쿠의 벳시동광산에서 구리를 본격 채굴하기 시작해 이 사업은 1973년 폐광할 때까지 무려 283년간 스미토모의 핵심 캐시카우가 된다. 벳시의 동광산은 아시오 동광산에 1위를 내줄 때(1884)까지 산출량 최고의 동광산이었다. 벳시에서 채굴해 오사카에서 제련한 구리는 나가사키를 통해 네덜란드, 중국으로 대량 수출되며 스미토모가 에도시대 구리무역의 중핵 역할을 하게 된다.
>
> 구리 제련 사업이 본궤도에 오르기 전 1660~70년대에 스미토모는 오사카에서 환전·금융업도 시작하여 에도시대의 스미토모는 구리사업과 금융업이 사업의 두 축이었다.

막부 말기 사업상 고전하던 스미토모는 신정부가 들어서자 최대의 위기를 맞는다. 가장 중요한 사업의 근거지 벳시동광산이 메이지유신 주체세력인 도사번에 의해 압류당한 것이다. 벳시동광산은 원래 막부령이었기에 방치해두면 메이지 신정부의 소유가 되었을 것이다. 경영자 히로세 사이헤이가 정치력을 발휘하여 도사번과 신정부 고위층에 손을 쓴 결과 스미토모가의 벳시동광산의 경영이 계속 인정되었다.

그러나 곤두박질친 생산량이 문제였다. 당시까지만 해도 일본의 광산업은 지표 채굴 방식이었다. 지표면 근처 채굴이 끝나면 광산은 황폐해지고 다른 새 광산을 찾아야 했다. 그러나 히로세는 1874년 프랑스 기술자의 의견을 받아들여 기존의 황폐해진 광산에 지하 갱도를 만들어 재개발하는 서양식 기술을 택해 대단한 성공을 거두게 된다. 생산비용은 절반 이하로 줄이고 산출량은 3배 이상 늘게 되었다.

이후 스미토모는 은행, 무역업, 제철업, 석탄업 등 체계적인 사업다각화를 통해 재벌로 성장하게 된다.

③ 미쓰비시

도사번의 하급 무사였던 이와사키 야타로는 1867년 나가사키 도사상회(전년에 번이 설립한 무역상사 카이세이칸의 나가사키 출장소)에서 일하며, 이미 가메야마사추(후일 가이엔타이)에서 무역과 해운업을 하는 사카모토 료마에게 회계, 자금 등 실무적 지원을 하고 있었다. 카이세이칸(開成館)의 최고책임자는 고토 쇼지로였으나 오사카 지사를 담당했기에 상회 운영을 야타로에게 위탁했다.

그러나 메이지 신정부가 번이 운영하는 상회 등을 금지하자 1870년 민영화된 쓰쿠모상회로 분리되었다. 쓰쿠모상회는 폐번치현 후 미쓰가와상회로, 1873년에는 미쓰비시상회로 이름이 바뀌며, 야타로는 도사번으로부터 2척의 기선을 인수해 해운업에 진출했다.

당시 연해항로는 범선을 이용한 재래식 해운업자, 기선을 이용한 국내해운 기업과 외국기업 등이 경쟁하고 있었는데 그중 가장 강력한 상대는 정부소유선을 불하받아 세미 수송의 특권을 갖고 있던 우편증기선회사였다.

| 이와사키 야타로

1874년 사가의 난과 대만정벌 시 야타로는 오쿠보 도시미치와 오쿠마 시게노부 등 신정부 실세의 요청에 적극 대응하여 군인과 보급물자 수송작전을 도왔다. 소극적으로 대응한 국책 우편증기선회사와 대조적이었다.

신정부는 1875년 미쓰비시에 대한 파격적 지원을 통해 해운업을 발전시키기로 결정하였다. 군 수송 독점권을 부여하고, 13척의 정부선박을 불하한데 이어 14년간 연 25만 엔의 보조금을 지급하였다. 또 경쟁사 우편증기선회사를 해산시키고 회사 소유의 선박 17척을 정부가 수매한 후 미쓰비시에 무상으로 불하하였다.

1876년 발생한 두 번의 사족 반란과 1877년의 세이난 전쟁에서도 미쓰비시는 육해군 병력과 군수품을 운송했다. 그 결과 미쓰비시의 해운 수입은 1877년 171만 엔으로 폭증했다(전년 4만6천 엔). 이즈음 미쓰비시는 기선 61척(3만5천 톤)으로 전국의 73%를 차지할 정도로 독과점 기업이 되었다.

이와사키 야타로 사후 동생을 거쳐 전문경영인 쇼다 헤이고로에 의해 사업다각화가 이루어졌다. 보험업(동경해상화재, 메이지생명), 창고업(미쓰비시창고), 광산업(다카시마탄광), 부동산업(미스비시지소), 나가사키 조선소 관영공장 불하 등 사업다각화를 통한 미쓰비시의 재벌화가 이루어졌다. -이덕훈, 근대일본의 산업화과정과 기업가적 역할, 〈일본문화학보〉 281~305쪽 참조-

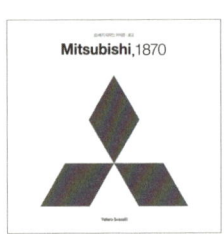 

| 미쓰비시 로고(좌), 도사번주 야마우치가의 가문(우)
도사번주 야마우치가의 가문을 본떠 세 개의 마름모로 회사 로고를 만들었다.

나. 근대적 자본주의의 도입 – 일본 자본주의의 아버지

민간에서의 대단한 활약으로 오늘날 '일본 자본주의의 아버지'라 불리우는 시부사와 에이치와 고다이 도모아쓰, 두 사람의 일생을 들여다보자.

시부사와 에이치(1840~1931)

부유한 반농반상의 집안에서 한학 교육까지 받았던 시부사와는 존왕양이 지사를 꿈꾸었다가 극적으로 요시노부의 가신이 된다. 1867년 파리만국박람회에 일본 대표단의 일원으로 참가하지만 대표단이 귀국한 후에도 요시노부 동생의 유학 지원을 위해 프랑스에 남아 있다가 2년 만에 귀국한다.

그 사이 일본은 천지개벽했다. 막부는 사라지고 모시던 쇼군은 시즈오카에서 근신하고 있었다. 자금이 부족한 메이지 신정부는 태정관찰이라는 신화폐를 찍어냈으나 처음 보는 지폐에 신용이 없다 보니 유통이 안 되었다. 신정부는 전국의 번 재정 규모에 따라 태정관찰을 강제로 할당하고 나중에 갚도록 했다. 시부사와는 시즈오카번의 금고에 잠겨있는 태정관찰을 자본금으로 시즈오카 상법회소를 만들었다. 오늘날 종합상사와 은행이 혼합된 회사다.

시부사와는 국고를 취급하고 있는 미쓰이의 미노무라 리자에몬을 만나 태정관찰의 교환을 요청하기 위해 시즈오카 상법회소의 사업 개요를 설명하였다. 시부사와의 비즈니스 모델은 매력적이었다. 시부사와의 능력을 알아본 미노무라의 주선으로 시부사와는 1869년 신정부의 합류 요청을 받는다.

민부성(후일 대장성으로 합병됨) 개혁과장으로서 도량형 기준 제정, 조세 개편, 우편 제도, 화폐 제도, 달력 개정, 철도 제도, 공채 제도 등 약 200건의 초안 작업을 주도하다가 유신 주도세력과의 갈등으로 사표를 제출했다. 유신 주도세력은 막부 측 인사가 개혁작업을 주도하는 것에 불만을 품었고, 유럽에서 견문을 넓힌 시부사와는 빨리 민간 경제계에서 활동하고 싶어 했다. 그러나 상사인 오쿠마 시게노부의 설득에 의해 공직생활이 이어진다.

대장성의 지폐 및 유가증권 국장으로 1872년 초 이노우에 가오루 밑에서 대장소보사무취급(차관보 대행)이 되어 국립은행조례 초안 작업을 주도했다. 그러나 화족과 사족의 질록처분안 작성에 관여하다가 1873년 유신 주도세력과의 갈등 속에 사표를 내고 전년에 설립된 제일국립은행(현 미즈호은행)의 총감역(은행장을 감독하는 사람)에 취임한다.

미쓰이 외의 또 다른 대주주가 도산하며 겪은 제일국립은행의 위기를 극복하며 시부사와는 주식거래소의 필요성을 정부에 강하게 주장하여 1878년 주식거래소가 개설된다. 그는 주요 발기인으로 주식거래소의 설립에는 관여했지만 설립 후 거래소의 운영에는 관여하지 않았다. 일본 경제에 꼭 필요한 조직이라면 그 설립에는 주도적으로 관여하되 설립 후의 운영에는 관여하지 않는 시부사와의 원칙은 이후

에도 계속된다.

  지방은행들 외에 도쿄가스, 도쿄해상화재보험(현 도쿄해상일봉화재보험), 오지제지(왕자제지), 전원도시(현 도쿄급행전철), 지치부시멘트(현 태평양시멘트), 제국호텔, 지치부철도, 게이한전기철도, 기린맥주, 삿포로맥주, 동양방적(현 토요보), 대일본제당, 제이지제당, 시부사와창고 등 다양한 기업의 설립에 관여했는데 그 수가 500개 이상이었다.

  또 그는 경인철도합자회사를 설립해 사장을 맡아 우리나라 최초의 경인선 개통에 참여했으며, 경부철도주식회사 설립에 주도적으로 관여하면서 대륙 진출을 염두에 두고 레일 폭을 일본에서 통용되던 협궤 대신 표준궤로 채택했다.

  교육에도 힘을 기울여 상법강습소(현 히토쓰바시 대학), 오쿠라상업학교(현 도쿄경제대학), 학교법인 고쿠시칸, 일본여자대학, 도쿄여학관(중고등학교)의 설립에 관여하였다. 또 노숙인, 고아 등 구제 목적의 양육원, 박애사(일본적십자사 전신) 등 600개 이상의 공익기관의 설립과 운영에도 관여했다.

  〈논어와 주판〉이란 책을 통해 청부론을 설파하고, 일본이 필요한 금융 인프라를 먼저 깔고, 기업을 만들되 지배하지 않는 시부사와 에이치. '일본 자본주의의 설계자' 또는 '일본 자본주의의 아버지'로 불린다.

| 시부사와 에이치

  2024년 7월부터 일본 정부가 일만 엔권 지폐에 시부사와의 초상화를 사용한 것은 '잃어버린 30년'으로 표현되는 일본 경제의 장기 불황을 탈출하기 위한 모멘텀으로 시부사와 에이치가 만든 민간에서의 활력과 시대정신을 소환한 것이 아닐까?

-신현암, 〈시부사와 에이치-일본 자본주의의 설계자〉 요약-

> 고다이 도모아쓰(1836~1885)

사쓰마번의 무사가문에서 태어난 고다이는 개항 후 안세이 개혁으로 신설된 나가사키 해군전습소에서 1857년 항해, 포술, 측량, 과학기술 등을 배웠다. 영국 관광객 살해 사건으로 벌어진 사쓰에이 전쟁에서 사쓰마 함선의 선장으로 복무 중 영국 해군에 포로가 되어 나가사키에 호송되었다.

나가사키에서 무기 수입상 토마스 글로버의 설명과 보살핌을 받으며 선진 문물과 국제적 시각에 눈을 뜨게 된다. 적극적 개항과 서구화가 부국강병에 필수적이라는 확고한 인식을 가지고 귀환해 대원군 히사미쓰에게 사쓰마 관리와 학생의 영국 유학을 적극 주장하였다.

영국과 사쓰에이 전쟁 강화 교섭 결과 막부 몰래 고다이 도모아쓰를 포함해 19인이 영국에 유학 간다(1865). 유학 중 맨체스터 상공회의소를 견학한 그의 경험은 후일 오사카에 상업 기반을 만드는 데 큰 도움이 된다. 귀국하여 사쓰마번에 방직공장을 세웠고, 해외 기술자를 초빙해 이들로부터 일본인들이 공장 건설 노하우와 기술 전수를 받도록 하였다.

1869년 이후 고다이는 오사카로 활동 거점을 옮겨 활동하며 오사카 상공회의소를 설립하고, 오사카 증권거래소를 창설한다. 또한 오사카 상업강습소(현 오사카시립대 경제학부)를 설립하는 등 그의 노력으로 오사카 상업·금융·교육 인프라가 본격적으로 구축되었다.

이후 20여 개의 광산을 소유하는 등 스미토모에 이은 주요 광산업자로 발돋움하고, 염료 제조업, 비철금속 가공업, 해운 및 물류업, 무역업 등 다양한 산업에 진출했다.

1881년 종합무역회사(간사이무역사)를 설립하여 홋카이도 물산과 관영 자산을 정부로부터 인수하려 했으나, 이것이 언론 보도로 인해 '홋카이도 관유물 헐값 불하 사건'이라는 정치적 스캔들로 대대적으로 비화되었다. 자유민권파의 국회 개설 주장이 탄력을 받으면서 일본 정부는 헌법 제정과 국회 개설을 공언할 수밖에 없었다('메이지 14년의 정변'). 이 사건은 고다이의 정계와 경제계에서의 신뢰도에 큰 타격을 주었고, 그는 이미지를 회복하지 못한 채 4년 만에 사망했다.

고다이 도모아쓰는 당시 유신 주도세력이 강력히 추진하는 정부정책에 편승해 민간 네트워크를 형성하며 일본 최대의 경제도시 오사카를 중심으로 서부 일본에서 초기 자본주의를 정착시키고 확산시킨 공로자였다.

9. 서구문물의 도입과 계몽사상의 확산

1871년 단발령에 의해 사람들은 상투를 자르고 기모노 대신 양복을 입기 시작했다. 가죽구두가 보급되고 지팡이 대용 양산이 유행했다. 불교의 영향으로 전통적으로 육식을 하지 않던 일본인들에게 육식을 권장하기 위해 천황이 시식을 하기도 했다. 점차 구운 쇠고기(야키니쿠)나 쇠고기 전골을 먹기 시작했다.

1868년 최초의 서양식 호텔이 도쿄에 세워진 후 잇따라 서양식 건축이 늘어났다. 2년 전 화재로 전소된 도쿄 긴자를 불연도시화하려는 도시계획에 의거 1874년 긴자에 최초로 벽돌로 지어진 2층의 서구식 건물이 줄지어 선 양옥거리가 조성되었다. 이후 긴자거리는 일본의 최고 번화한 곳으로 유명해졌다. 일본의 멋쟁이들이 거닐고 쇼핑하는 서구적 분위기의 명소가 된다.

1877년 당시로서는 파격적인 통신 수단인 전화가 개통되어 일본인들의 생활을 근본적으로 바꾸기 시작한다.

1873년 미국주재 공사 모리 아리노리의 귀국을 계기로 일본 최초의 근대적 계몽학술단체인 메이로쿠샤(明六社)가 설립된다. 메이로쿠샤는 후쿠자와 유키치, 니시 아마네 등 쟁쟁한 계몽사상가와 지식인들이 모여 정기연설회와 잡지 발행을 통한 민중 계몽으로 '민심을 일신하여 문명국 국민으로 바꾼다'는 목표를 가졌다. 메이로쿠 잡지는 정부의 언론 탄압으로 폐지될 때까지 총 43호(논문 100편 이상)를 발간하였으며, 서구의 근대사상을 많이 소개하고 확산시켰다.

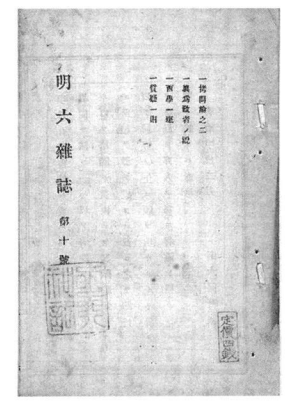
| 메이로쿠 잡지(제10호 1874년)

〈서양사정〉(1866), 〈학문의 권장〉(1872), 〈문명론의 개략〉(1875)이라는 저작물을 통해 이미 일본 최고의 계몽사상가로 우뚝 선 후쿠자와 유키치는 게이오의숙(게이오대학의 전신)을 설립해 교육과 계몽을 통해 일본의 여론을 주도했다.

국회개설운동이 한창이던 1881년 9월 그는 "서구열강이 동양으로 들이닥치는 양상은 화재가 번지는 것과 같다. 일본이 돌집을 지어 화재 방비를 잘

| 일본 화폐 만 엔권 지폐에 있는 후쿠자와 유키치 초상화. 시부사와 에이치 초상화가 들어있는 신권과 같이 현재 사용하고 있다.

4장 메이지 유신

하더라도 조선과 중국이 판잣집이면 이웃의 화재로 인해 일본이 피해를 입는다"며 조선과 중국의 근대화에 일본이 적극 나서야 한다고 주장했다.

유키치는 더 강력한 여론 형성과 정부의 정책 반영을 위해 '지지신보'라는 신문을 창간하여(1882.3.1), 매일 자신의 주장을 사설로 실어 여론을 주도했다.

10. 이웃 국가와의 수교 및 정한론 파동

　메이지 신정부는 이웃 국가인 조선 및 청나라와 새로운 외교관계를 수립하고자 하였다. 중국 중심의 전통적 사대교린 체제를 전제로 한 것이 아닌 천황이 주체가 된 근대적 외교로 탈바꿈하고자 했다.

　일본은 청나라에 사절을 보내 근대 외교 수립에 관한 협상을 진행해 진전이 있었다. 예비 협상을 거쳐 대장경 다테 무네나리가 이홍장을 만나 한 달이 넘는 협상 끝에 청일수호조규와 통상장정이 체결되었다(1871.7). 이 조약을 통해 일본은 영사재판권 등이 반영된 청나라와의 대등한 근대 외교관계를 수립했다.

> **청일수호조규 협상**
>
> 　1871년 6월 9일 이홍장과 다테 무네나리는 상견례를 시작으로 본격 협상으로 들어갔다. 최대 쟁점은 '양국 관계를 근대조약으로 할 것인가, 종전의 조공 책봉 체제로 할 것인가'였다.
> 　다테는 "청이 이미 서구와 맺은 것과 동일한 형식과 내용으로 일본과도 조약을 맺어야 한다"고 주장하며, '대일본국 천황과 대청국 황제'가 대등한 주체로서 조약을

체결하되 통상권과 영사재판권도 요구했다.

　이에 대해 이홍장은 "청과 일본은 같은 동아시아 국가로서 힘을 합쳐 서구열강에 대항해야 할 공동의 운명이므로 서구의 근대조약을 무비판적으로 적용하는 것은 옳지 않다"고 주장했다. 이런 입장에서 이홍장은 2개 조문을 강력히 요구했다. 하나는 "양국 중 일방이 제3국으로부터 불공정한 일을 당하면 상대방이 나서서 돕거나 중간에 개입한다"는 조항이고, 또 하나는 양국 방토 불침략 조항이었다. 방(邦)은 제후국 또는 속방의 영토이고, 토(土)는 본국의 영토라는 의미다. 아울러 이홍장은 체결 당사자를 양국의 전권대신으로 격하하고, 내지통상과 영사재판권 요구도 거부했다.

　한 달이 넘는 협상 끝에 1871년 7월 이홍장의 의견이 대부분 반영된 청일수호조규와 통상장정이 양국의 전권대신 사이에 조인되었다. 완전한 근대조약 형식은 아니었지만 내용 면에서 대등한 관계를 바탕으로 영사재판권 등을 반영해 일본의 입장이 어느 정도 절충된 내용이었다.

문제는 조선이었다.

1868년 말 메이지 신정부는 종전 에도막부 시대의 외교 루트인 쓰시마를 통해 조선에 국서를 보냈다. 막부 때의 관행대로 초량왜관의 훈도에게 전달한 국서에는 '황(皇)' '칙(勅)' 같은 황제를 의미하는 용어가 있었을 뿐 아니라, 날인된 인감도 조선 정부가 인정한 것이 아니어서 접수가 거부되었다.

1870~1871년 외무성 관리들까지 왜관에 파견되어 조선 관리와 줄다리기를 했지만 소용이 없었다. 쓰시마인을 통한 첫 접수 시도로부터 3년 6개월, 외무성 관리가 주재한 날로부터 1년 6개월이 경과했고 추가로 온 외무성 관리들까지 합세해 노력했음에도 불구하고 국서의 접수가 계속 거부되자 이들은 행동을 개시하여 왜관을 탈출하는 등

조선의 신경을 곤두서게 만든다. 이 와중에 왜관에 게시된 동래부사의 게시문으로 인해 일본 정국은 정한론 파동으로 비화한다. *정한론 파동의 원인, 과정 및 결과에 대한 자세한 내용은 졸저 〈일본의 근대사 왜곡은 언제 시작되는가〉 21쪽~32쪽 참조.

| 정한론 논쟁도

 정한론 파동의 결과는 흔히 '메이지 6년의 정변'으로 불리는 일본 정치사의 대변혁으로 귀결되어 정한론을 주장하던 강경파는 실각했다. 그 결과 삿초 중심의 기존 주도세력의 권력이 더욱 강화되면서 정계에서 정한론은 잦아들었다. 밀려난 강경파는 이후 반란이나 테러 등으로 신정부에 무력으로 반항하는 부류와 자유민권 운동파의 두 부류로 갈려 향후 일본 정국에 또 다른 큰 변화를 일으킨다.

일본의 정한론 파동이 정점을 지날 무렵 정벌 대상이 될 뻔한 조선에서는 이러한 이웃 국가의 동향을 전혀 모른 채 최익현의 상소 파문으로 시작된 고종의 친정 개시 욕구와 흥선대원군의 권력 집착이 벌이는 권력 다툼에 국가의 에너지가 낭비되고 있었다는 점이 우리에게는 매우 뼈아픈 대목이다.

5장

메이지유신에 대한 반동

지금까지의 과정을 보면 메이지 왕정 복고 후 메이지유신이 매우 순탄하게만 진행된 것처럼 보인다. 그러나 거대한 역사의 전환이, 그것도 혁명에 가까운 급격한 변화가 어찌 순조롭게만 이루어졌겠는가?

구체제의 기득권 세력, 또는 새로운 체제에 참여했으나 이런 저런 사유로 밀려나 불만인 세력 등이 반항했다. 또 신정부의 정치 참여와 이념에 무관심하지만 생계 유지에 전념하는 평민들은 생계와 가업을 위협하는 정부의 조치에 고분고분할 리가 없었다.

여기서는 신정부 출범에 반항하거나 또는 신정부에 참여했지만 권력 다툼에서 밀려난 세력, 구체제 특권을 상실한 사족 또는 구체제에 익숙해진 농민 등이 신정부의 개혁 조치에 대항한 반작용에 대해 한 번 알아보자.

1. 보신전쟁

신정부에 반항하는 첫 상대이자 가장 강력한 세력은 구 막부 세력이었다.

왕정복고 쿠데타 직후 쇼군 요시노부는 교토를 빠져나와 오사카에 진을 친 후 천황 명의로 내려진 조치에 대해서 "대호령을 기꺼이 받들고 싶으나 직속 부하들의 동요를 살피는 것이 먼저"라는 모호한 대답으로 사태의 추이를 관망했다.

사실 교토 측과 오사카 측은 명분을 얻기 위해 상대방이 싸움을 걸어오기를 서로 기다리고 있었다. 사이고 다카모리가 부하들을 동원해 에도성에서의 방화 사건으로 도발하자 분노한 가신들의 요구로 결국 요시노부는 "최근의 사태는 불충한 일부 공경과 사쓰마·조슈가 어린 천황을 겁박해 벌어진 일이니 조정을 위하여 역적들을 치겠습니다"라는 출사표와 함께 1868년 1월 에도에서 거병했다.

보신(戊辰)전쟁의 시작이었다.

출사표의 명분이 약하기도 했지만 전쟁 중에도 요시노부의 마음은 계속 강온을 오락가락했다. 구 막부군은 교토 진입 경계인 도바·후시미 전투에서 3배의 전력을 가지고도 신정부군에 패했다(1868.1.27).

| 관군의 표식인 금기를 앞세운 신정부군

신정부군에는 대포보다 더 강력한 무기가 있었다. 바로 '천황의 명을 받았다'는 관군 표식인 비단으로 만들어진 금기(錦旗)였다.

자신들을 관군이라고 생각하고 있던 막부군은 적진에서 나부끼는 금기를 보고 '우리는 역적을 토벌하는 관군으로 왔는데 알고 보니 우리가 역적 아닌가?'라는 생각이 들자 사기가 뚝 떨어졌다. 막부군은 오사카성으로 퇴각했다.

오사카성에서는 사기 진작을 위해 쇼군이 진두에서 지휘하기로 의견이 모아졌고, 요시노부도 내일부터 전투에 앞장서겠노라고 장수들 앞에서 선언했다. 그날 밤 요시노부는 극소수의 측근과 함께 몰래 성을 빠져나와 에노모토 다케아키가 네덜란드에서 인수해 온 가이요마루호를 타고 에도로 돌아가 버렸다. 훗날 요시노부는 "금기를 보는 순간 싸울 뜻이 사라졌다"고 술회했다.

 승리한 신정부군은 요시노부에 대한 추격 토벌과 막부 영지의 몰수를 공표했다. 전쟁의 귀추를 주시하던 여러 다이묘와 거상들은 신정부를 지지하기 시작했다. 요시노부는 갈팡질팡하다가 2월 12일에야 우에노산의 사찰에 칩거하며 근신하는 것으로 최종 입장을 정리했다. 총명하고 영리했지만 영지와 영민을 거느리지 못했던 히토쓰바시가의 당주, 그리고 쇼군후견직 재직 시 교토에서 근무하며 막부보다는 천황의 부하에 가까웠던 그의 한계였다.

 그러나 많은 가신이 불복하며 항전태세를 갖추었다. 여전히 막부군의 병력 및 물자, 다이묘들에게 미치는 쇼군의 영향력 등을 감안하면 만일 그가 결사 항전의 자세로 돌아선다면 신정부군도 승리를 장담할 수 없었다.

 사쓰마·조슈·도사의 번병들로 이루어진 신정부군은 도카이도와 도산도로 나뉘어 에도를 향해 진군하고, 3월 15일을 기해 에도에 총공세를 펼치기로 결정했다. 당시 인구 백만 명이 넘는 인구가 거주하던 세계 최대의 도시 에도를 두고 공방전이 벌어진다면 엄청난 인명 피해가 발생할 참이었다.

영국 공사의 알선으로 양측의 회담이 시작되었다. 신정부군의 대표는 사이고 다카모리, 막부군의 대표는 가쓰 가이슈였다. 약 4년 전 첫 만남에서 두 사람은 상대방에게 받았던 좋은 인상을 간직하고 있었기에 허심탄회하게 심중을 얘기할 수 있었다.

총공세를 앞두고 기선을 잡고 있는 사이고는 적장 가이슈를 깍듯이 예우했다. 두 사람은 상대의 입장을 충분히 이해할 수 있었다. 가이슈는 자신이 모시는 주군 요시노부와 막부 가신들의 처형을 막으며 명예로운 퇴진을 하는 것이 목표였고, 사이고는 막부의 수도 에도성에 입성하는 것이 목표였다.

3월 14일 극적으로 협상이 타결되어 에도에 신정부군이 무혈개성한다(일본인들은 이를 무혈'개성'이라고 표현한다). 우리에게 익숙한 '입성'이 아닌 '개성'이라는 표현을 쓰는 것은 아무래도 협상에 의해 주군을 지키고 성문을 열어준 가쓰 가이슈 쪽에 방점이 찍혀 있다고 봐야하지 않을까?

| 에도 총공세를 앞둔 사이고 다카모리(좌)와 가쓰 가이슈(우)의 협상

막부군 전사들은 요시노부를 보호한다는 명목으로 우에노산에 들어가 게릴라식 저항을 계속했다. 오무라 마스지로가 지휘하는 만이천 명의 신정부군은 우에노산에 있는 게릴라들을 초토화시켰다. 이때 일찍부터 서양식 대포를 개발했던 사가번에서 가져온 대포가 큰 위력을 발휘했다.

서구화와 과학화에 앞서 신무기를 보유한 사가번은 실용주의파 번주의 지시로 막부와 신정부에 늦게까지 중립을 지켰으나 왕정복고 후 신정부에 합류한다. 사쓰마와 조슈 등 신정부를 주도하는 번의 번사들과 교류가 있던 오쿠마 시게노부, 에토 신페이, 소에지마 다네오미 등 사가번의 인재들은 이미 신정부의 정무에 관여하고 있었다.

막부의 패잔병들은 북쪽으로 달아나 오우에쓰열번동맹에 의탁한다.

에도에서 막부군의 해군 부총재가 된 에노모토 다케아키 등은 결사항전을 주장하다가 에도성 무혈개성 후 배로 에도를 탈출해 갖은 고생 끝에 센다이에 기항한다.

한편 동북지역에서는 센다이번(현 미야기현)과 전통의 막부충성파 아이즈번 중심으로 막부를 지지하는 20여 번의 오우에쓰열번동맹이 5월에 맺어져 각지에서 신정부군과 싸움을 벌이고 있었다. 막부군 토벌을 위한 신정부의 진무총독군 총사령관 오무라 마스지로는 작전계획을 세워 지시하였고, 나카오카 방면(현 니가타 서부) 사령관은 야마가타 아리토모였다. 야마가타가 이끄는 신정부군이 나카오카성을 함락하자 무기공급처를 잃은 막부군은 바닥을 드러내며 동맹 이탈이 시작되었다.

9월 막부에 끝까지 충성하던 아이즈번이 항복하자 에노모토 다케아키 등은 홋카이도(구 에조치)로 향하는 배로 도주했고 동맹은 와해되었다.

1868년 11월 에노모토 등은 패잔병들을 태우고 홋카이도 중심지 하코다테로 쳐들어가 소수의 신정부군이 지키던 요새 고료가쿠에 이어 마쓰마에번까지 점령해 홋카이도 인근 지역은 막부군이 평정했다. 그해 12월 홋카이도에서는 일본 최초의 선거를 통해 총재(대통령)에 에노모토가 선출되었는데 일본 최초의 공화국 이른바 에조공화국의 탄생이다.

| 하코다테 해전 그림

메이지 신정부가 이를 인정할 리 없었다. 새해부터 전운이 감돌더니 마침내 5월 신정부군의 하코다테 총공세가 펼쳐지고 1주일 분전 끝에 결국 고료가쿠 성곽 위에 백기가 올랐다. 1869년 5월 18일, 이날은 5개월 만에 수명을 다한 일본 최초 공화국의 멸망일이자 1년 반에 걸친 보신전쟁의 종결일이었다.

> **에노모토 다케아키와 구로다 기요타카의 우정**
>
> 에조공화국 멸망일 며칠 전 신정부군 참모 구로다 기요타카로부터 항복권고문이 에노모토에게 전달되었다. 에노모토는 이를 거부하고, 늘 애독하던 〈만국해율전서〉 네덜란드어 번역본을 꺼내 "이 책은 향후 일본에 도움이 되는 귀중한 것이므로 한 줌의 재로 만들기는 아깝다. 정부군에게 기증하고 싶다"는 내용의 서신을 첨부해 사자에게 전달했다. 이 책은 네덜란드 유학을 마치고 귀국할 때 교수로부터 선물 받은 책이었다. 에노모토의 서신을 받고 감격한 구로다는 답례로 술 5통을 고료가쿠에 보냈다. 이때부터 구로다와 에노모토와의 '브로맨스'가 시작된다.
>
> 에노모토는 도쿄로 호송되어 수감되었다. 옥중에서도 그의 지식욕과 호기심은 왕성해 독서는 물론 저술까지 했다. 그에 대한 처벌과 관련하여 정치권에서 논란이 분분했다. 엄벌을 요하는 조슈번과 그의 재능을 아껴 구명을 주장하는 사쓰마번과의 조정이 이루어지지 않았다.
>
> 사쓰마 출신 구로다는 강력하게 그의 재능을 국가경영에 활용해야 한다고 주장했다. 당시 홋카이도개척사 차관으로 재직하던 구로다는 그가 옥중에서도 산업기술 개발 구상과 홋카이도 개척의 꿈을 버리지 못하고 있다는 것을 알고 그의 석방 호소를 위해 삭발까지 했다. 결국 에노모토는 구로다의 노력 등에 힘입어 1872년 초 석방되었다.
>
> 구로다는 에노모토를 수차 방문해 홋카이도 개척에 동참해 달라고 간청해 결국 그의 승낙을 얻었다. 에노모토는 개척사 4등 관직(현령 대우)을 받고 임지에 부임한다. 끝까지 신정부에 저항했던 인물이라도 국가 발전을 위해서라면 품에 안고 재

능을 발휘하도록 길을 열어주는 메이지 신정부의 포용성과 쿨함이 느껴지는 대목이다.

홋카이도에서 에노모토는 주변 지역의 지질과 자원을 조사해 당시 일본 최대의 소라치 탄전을 발견했고, 일본 최초의 기상관측소를 설치했다. 훗날 에노모토는 일본의 기상학회 회장이 된다.

1874년 에노모토는 해군중장 겸 주러 특명전권공사로 임명되어 상트페테르부르크에 부임하여 영토 교섭에 임했다. 약 1년간의 교섭 끝에 상트페테르부르크 조약을 체결해 사할린은 러시아가, 쿠릴열도는 일본이 영유하기로 결정하고, 오호츠크해 및 캄차카 주변의 일본 어업권도 인정받았다. 당시 사할린 남부에도 일본인들의 출입이 있었는데, 사할린보다 홋카이도가 일본에 더 중요하다는 구로다와 에노모토의 의견이 일본 정부안으로 채택되어 조약에 반영되었다.

이후 1885년 체신대신을 시작으로, 농상무대신, 문부대신, 외무대신 등의 공직을 역임했다. 공직 역임 중 또는 퇴임 후 전기학회 초대회장, 공업화학회 초대회장 등 이공계와 과학계 관련 학회장을 역임하며 일본의 과학 발전에 기여했다.

에노모토의 아들과 구로다의 딸이 결혼하여 둘은 사돈이 되었다. 총리대신까지 지낸 구로다가 사망하자 그의 장례식 장의위원장이 되어, 적으로 만났지만 자신을 알아봐 준 친구의 마지막 길을 끝까지 책임졌다(1900). 참고로 구로다 기요타카는 조선과 강화도조약 체결 시(1876) 일본 측 전권대신이었으며, 초대 총리대신 이토 히로부미에 이어 2대 총리대신에 오른다.

| 에노모토 다케아키 | 구로다 기요타카

2. 평민들의 저항

 학제, 징병제, 지조 개정, 부락민(천민계급) 해방, 양력 사용 의무화 등 강도를 높여 지속되는 신정부의 개혁 조치는 차츰 피로감과 반감을 불러왔고, 평민들은 자신의 이해관계가 직접 걸린 조치에는 집단을 이루어 적극적으로 저항하기 시작하였다.

 대표적인 것이 1873~1874년 사이에 벌어진 '혈세잇키'라고 불리는 사건이다. 징병제 실시를 앞두고 반포된 징병 고유문(1872)에 포함된 '피로써 국가에 보답한다'는 서양식의 징병 설명 문구가 사람들을 자극해 마을 단위에서 '피를 짜간다' 식의 소문으로 번져 전통적으로 군사 복무에 익숙지 않은 평민 계급에게 큰 불안감을 조성하였다. 또한 종전의 군역 전담자였던 사족들에게는 징병제 실시가 수백 년간의 특권을 빼앗아가는 것으로 여겨져 신정부에 대해 큰 불만 요인이었다.

 한편 처음 시행되는 의무교육에 대해서도 지식인과 부자들을 제외한 많은 농민과 상공인들이 반발했다. 아동 노동에 대한 규제가 없었던 당시 미성년자나 아이들의 노동력은 이들의 생계와 가업 유지에 도움이 되었기 때문이다. 소학교 운영경비 조달이 국세인 재산세에 10%의 지방세를 가산 징수하는 방식으로 진행되었고, 학교에서는 수업료, 교과서비 등 각종 추가 비용을 징구하자 신정부는 이들에게 가계를 못살게 구는 조치를 남발하는 주체로 인식되었다.

1873년 미에현에서 발화된 잇키(폭동)는 오카야마, 돗토리, 가가와, 에히메, 히로시마, 교토 등 10개 현으로 확산되어 1874년까지 신정부에 반항하였다. 군중들은 폭도화하여 관공서를 습격 파괴하고, 신설 소학교 2,000곳 이상이 방화되었고, 신평민으로 해방된 천민 부락 등이 파괴되었다.

정부는 강경 진압에 나서 전국적으로 6만 명 이상을 체포했으며, 주동자 등 20명 이상을 사형에 처했다.

이후에도 상당한 기간 신정부의 개혁 조치에 협조하지 않는 방식으로 소극적으로 저항하는 평민들이 많아서, 이를 감안하여 신정부도 징병령을 전면 개정해 대규모 병역 면제가 가능하도록 하였다. 1879년을 예로 들면 징병검사 대상 321,622명 중 병역 면제는 288,535명, 병역기피자 20,439명 등을 제외하고 현역 입대 대상자는 20,439명에 불과했다. -〈제국통계연감 1882〉 522쪽, 태정관통계원-

학제에 따른 의무교육도 마찬가지여서 자녀를 학교에 못 가게 하는 소극적 저항은 훨씬 광범위하여 1873년 취학률은 28.1%(남 39.9%, 여 15.1%)에 불과했다. -표4 학령아동의 취학률(페이지6-12), 〈학제백년사〉, 문부과학성-

3. 사족들의 테러와 반란

1874년 초 우대신(오늘날 부총리에 해당함) 이와쿠라 도모미가 경호원과 함께 마차를 타고 가다가 백주 대낮에 자객들에게 습격당했다. 이와쿠라는 어깨에 부상을 입었지만 목숨은 건졌다. 정한론 무산에 반발한 고치현(전 도사번) 사족들이 벌인 정부 고관에 대한 암살 시도였다.

정한론에서 밀려난 강경파와 이들에 동조하는 사족들은 에도 시대의 무사 신분과 특권에 대한 향수를 자극해 무력으로 신정부에 반항했다. 사족들을 자극할 만한 신정부의 개혁조치가 있을 때마다 테러나 무장 폭동(반란)을 일으켰다.

| 이와쿠라 도모미

이들을 자극한 신정부의 조치는 크게 두 차례로 나눌 수 있다. 1차는 1873년의 징병제 시행과 정한론 파동이며, 2차는 1876년에 발표된 폐도령과 질록처분에 의한 강제적인 금록

공채증서 발행을 들 수 있다.

1차 조치에 대한 반발로 혈세잇키, 이와쿠라 도모미의 피습, 에토 신페이에 의한 사가의 난(1874)이 일어난다_(사가의 난에 대한 자세한 내용은 졸저 〈한일 근대인물 기행〉 154쪽~158쪽 참조).

2차 조치에 대한 반발로 신푸렌의 난(구마모토현), 아키즈키의 난(후쿠오카현), 하기의 난(야마구치현) 등의 발발과 함께 마지막 반란 세이난 전쟁이 일어난다(1877).

4. 세이난 전쟁

 정한론 파동에서 밀려 사표를 낸 사이고 다카모리가 고향 가고시마현(구 사쓰마번)으로 낙향할 당시 다른 번 출신까지 포함해 참의의 반 이상과 천 명 이상의 군인과 관료들이 사퇴해 자신들의 번으로 낙향했다. 특히 근위대(종전 어친병)의 많은 장교들이 사이고를 따라 내려왔다. 다른 현의 사족 비율이 인구의 5~6% 정도인데 비해 가고시마현은 25% 정도로 크게 높았으며, 이들 대부분은 보신전쟁에서 사이고와 함께 생사고락을 같이 한 무사도 정신이 투철한 사족이었다.

> **가고시마의 사족 비율이 높은 이유**
>
> 센코쿠 시대 큐슈 통일 전쟁을 하던 시마즈 가문은 많은 무사가 필요했다. 큐슈 통일을 목전에 둔 상황에서 도요토미 히데요시의 침공으로 그간 정복했던 큐슈의 영지를 돌려주었으나 무사들은 감축하지 않았다.
>
> 또 세키가하라 전투에서 패하여 영지가 감축될 때에는 전투를 불사한다는 시마즈 가문의 결의를 전해 듣고 이에야스 측은 사쓰마의 영지를 용인해 주었다. 그러나 사쓰마는 혹시나 막부가 쳐들어오지 않을까 경계 태세를 풀 수가 없었다. 큐슈 통일 전쟁과 복속 지역의 반란 진압, 도요토미 히데요시와의 전쟁 등을 겪은 시마즈 가

문의 영지에는 산성이 많았다. 에도막부의 일국일성령 시책에 따라 시마즈 가문은 거성 가고시마성을 새로 축성하고 곳곳에 있는 산성을 파괴하며 막부의 시책에 따르는 외양은 취했다.

그러나 실상은 성벽을 없앤 산성 기슭에 석축과 해자를 만들어 무사들의 집단 거주지역인 후모토('산기슭'이라는 뜻으로 '외성'이라고도 불렀다)를 조성했다. 사쓰마에는 113곳의 후모토가 있어서 번 전체가 유사시 전투 태세로 전환할 수 있었을 뿐만 아니라 시마즈가의 지역에 대한 통제력을 강화할 수 있었다. 무사들은 평상시에는 농사를 지으며 생활하다가 전시에는 지토(지역의 우두머리)의 명령으로 전투에 참가하였다. 이러한 사쓰마번의 후모토 네트워크 체제를 외성제도라 한다.

* 1852년의 사쓰마번 인구(70.5만 명, 류큐 제외) 비율
무사: 24.5%, 신관및 승려: 11.1%, 죠닌(성하마을에 사는 상공인): 2.1%, 농민: 55.3%, 어민: 7% –출처: 전시물 〈인구의 구성과 석고 추이〉, 레이메이칸, 가고시마시–

이들은 자제 교육을 위한 사학교를 설립해 가고시마 전역에 걸쳐 분교가 약 140개에 이르렀다. 사이고는 신정부에서 실업자가 된 사족들의 자급자족을 위해 농경지를 개간하고 감자, 고구마, 무 등을 재배토록 하였다. 이들의 수는 약 3만여 명에 달해 가고시마 현은 중앙 정부의 정책이나 지시가 통하지 않는 사이고의 왕국이었다. 신정부의 태양력 반포에도 불구하고 가고시마는 여전히 음력을 사용하고 있었고, 폐도령 발표에도 사족들은 여전히 칼을 차고 다녔다.

사학교의 교장이자 선생들은 사이고를 절대적으로 따르고 있었고, 학생들에게 군사훈련도 시키고 있어서 신정부 입장에서 볼 때 이들은 매우 위협적인 사병조직이었다.

1876년 폐도령과 질록처분에 의한 강제적인 금록공채 지급으로 전국 곳곳에서 사족에 의한 반란이 일어나는 등 사족의 불만이 최고조

에 이르렀다. 가고시마와 가까운 구마모토와 후쿠오카에서도 사족에 의한 반란이 일어났다.

  1877년 초 불안을 느낀 신정부는 위험 요인의 사전 제거 차원에서 가고시마현의 무기 제조 공장에서 시설과 탄약을 오사카로 몰래 운반하다가 발각되었다. 이 시설은 당시 일본 육군의 주력 개인화기였던 최신식 스나이더총의 탄약 제조 설비였으며 가고시마 공장에서 독점적으로 생산해 전 육군에 공급하고 있었다. 시마즈 나리아키라 시절 집성관 사업으로 근대적 공업 기반을 가졌던 사쓰마번은 영국에서 설비를 수입해 메이지 신정부의 육군성 설치 이전부터 스나이더 탄약의 국산화에 성공한 일본에서 유일한 지역이었다.
  당시 가고시마 공장의 설비와 탄약들은 막부 말기 번주의 개인 자금과 무사들의 출연금으로 만들어진 것이어서 사족이나 자손들은 당연히 그것을 사용할 수 있다는 인식이 있었다. 이들 입장에서 볼 때 신정부의 반출은 도둑질이었다. 유사시를 대비해 사학교 청년들은 탄약고를 습격했다(1877.1.30).
  전년 오쿠보의 측근 경시청장은 가고시마의 내부 정탐 및 공작을 위해 경관 24명을 귀향 명목으로 가고시마로 보냈다. 이들의 행적을 수상히 여긴 사학교 간부들이 이들이 밀정이라는 것을 밝혀내 체포했다. 이들의 심문과정에서 "반란의 낌새가 있으면 사이고를 암살하라는 명령을 받았다"는 자백을 받았다. 이 소식이 퍼지면서 가고시마현은 폭발 직전의 상태로 돌변한다.

1877년 2월 5일 사학교 간부와 분교장 전원이 모인 회의에서 신정부에 대한 출병론이 절대다수를 차지하자 사이고는 "그대들의 뜻이 정히 그렇다면 나의 몸을 내어줄 따름"이라며 출병을 수용했다.

2월 9일 신정부의 관리가 사이고의 뜻을 확인하기 위해 가고시마에 도착했으나 사학교 학생들의 강력한 저지로 사이고를 만날 수 없었다. 이들로부터 보고를 받은 정부는 반란 토벌을 결정하고, 총사령관은 황족으로, 부사령관은 야마가타 아리토모 육군 중장을 임명했다. 메이지 시대 전쟁을 하는 경우 황족이 명예직 사령관, 부사령관이 실질적 사령관이었다.

야마가타는 각 진대에 출동명령을 내렸고, 구마모토 진대에는 지원군이 도착할 때까지 농성으로 사수하라고 명령을 내렸다.

> **세이난 전쟁 경과**
>
> 2월 15일 사이고군은 큐슈에 내린 60년 만의 폭설 속에 열병식을 거행한 후 제1대대가 구마모토성을 향해 출발하였다. 2월 19일 정부군의 반란군 토벌을 위한 출병이 결정되었다. 2월 20일 사이고군이 구마모토성 근처까지 도착해 정부군의 발포로 세이난 전쟁이 시작된다.
>
> 2월 21부터 벌어진 사이고군의 구마모토성 공격전이 소득 없이 끝나자 사이고군 일부는 구마모토성의 포위 전략을 수행하고, 일부는 북상해 남하해 올 정부군과 맞아 싸우기로 했다.
>
> 정부군은 이미 잇따라 하카타(현 후쿠오카)에 상륙하고 있었다. 정부군 제14연대는 북상하는 사이고군 선봉대와 우에키에서 만나 전투를 벌였다. 탄약이 떨어질 무렵 사이고군이 검을 뽑아 들고 근접전을 시도하자 신병 위주의 정부군은 연대기를 뺏길 정도로 패배를 맛보고 사기가 꺾였다.

2월 27일 다카세에서 정부군과 부딪힌 사이고군은 대폭 증강된 정부군에 의해 격퇴당했다. 사이고군은 전선을 사수하는 작전으로 변경한다. 포위한 구마모토성을 함락시키고 이를 거점으로 반격하려는 전략이었다.

 3월 내내 비가 오는 가운데 3월 20일 세이난 전쟁 최대의 격전지 다바루자카가 정부군에 의해 함락되자 사이고군은 패주하기 시작했다. 정부군 별동대는 이미 구마모토성 남쪽의 야쓰시로해에 상륙해 야시로를 점령했다. 이 사실을 모르고 패주하던 사이고군은 당황하게 된다.

 4월 15일 사이고군에 포위되었던 구마모토성에 결국 정부군이 입성해 52일간에 걸친 구마모토 공방전이 종결되었다. 구마모토 진대의 지휘관 다니 다테키는 목을 관통당하는 중상을 입었으면서도 농성작전을 지휘했다고 한다.

 구마모토성을 버린 사이고군은 남쪽의 히토요시에 거점을 두었으나 6월 1일 함락되고 휴가 지역을 전전하면서 수차례의 전투에서 계속 패전하며 8월 14일에는 본영이 있던 노베오카까지 점령된다. 다음날 노베오카를 탈환하기 위해 세이난 전쟁 후 처음으로 사이고가 전투의 지휘를 맡아 3천 명이 분전했지만 패퇴하자 사이고는 해산을 명령했다. 많은 사이고군이 투항하고 600명 정도의 군사가 야음을 틈타 자취를 감추었다.

 9월 1일 자취를 감추었던 사이고군이 가고시마에 나타났다. 이들은 정부군에 점거된 사립학교를 탈환하는 등 가고시마의 대부분을 탈환했지만, 소식을 듣고 집결하는 정부군에 압박되어 서서히 행동범위를 좁혀 가고시마 시의 중심에 있는 시로야마(해발 107m)에 들어갔다. 결사항전의 자세로 골짜기에 10개 정도의 굴을 파서 그 속에서 간부들이 지휘했다.

 9월 10일 도착한 정부군의 총지휘관 야마가타 아리토모는 '첫째 포위, 둘째 공격'이라는 방침으로 시로야마 주위에 토루를 쌓아 올리고 해자를 판 뒤 목책을 세웠다. 포위한 정부군은 5만 명, 농성하는 사쓰마군은 372명이었다. 사이고군은 참호를 파고 버티고 있었으나 정부군은 사이고에게 자결을 요구하는 서신을 발송하고 항복하지 않을 경우 총공격을 개시한다는 최후통첩을 했다.

 마침내 9월 24일 오전 4시, 3발의 대포와 함께 일제히 총을 발사하면서 정부군의 총공격이 개시되고 2시간 만에 본영이 있는 이와사키 골짜기를 제외하고 모두 정부군이 점령했다. 전원 할복을 각오한 사이고 이하 약 40명의 간부들은 시로야마의 동굴에서 나와 성채를 향해 가다가 정부군의 총탄에 맞는다. 사이고는 허리와 허벅지에 총상을 입자 할복했다.

마지막 시로야마 전투에서 할복한 사이고의 수급이 사령관 야마가타에게 바쳐지자 야마가타는 직접 들고 염불을 외웠다고 한다. 목숨을 끊은 옛 동지의 명복을 빌어주어야 마음이 편해질 정도로 야마가타와 사이고는 조슈번과 사쓰마번을 상징하는 군사지도자들로서 삿초동맹에 기반한 공동의 무력으로 막부를 타도하고 메이지 신정부를 세운 일등공신들이었다.

사이고 다카모리는 유신 3걸 중 일본인에게 가장 많은 사랑을 받은 인물이다. 주군에 충직하고 명리를 따지지 않는 성품에다 극적인 죽음을 맞은 비극의 영웅 이미지 때문이 아닐까? 메이지 신정부를 탄생시키는데 큰 공을 세운 인물이면서 동시에 신정부에 반란을 일으킨 조적이기도 했다.

> **메이지유신 3걸(또는 유신 3걸)**
>
> 조슈의 기도 다카요시, 사쓰마의 사이고 다카모리와 오쿠보 도시미치 3인을 말한다. 다카스기 신사쿠와 사카모토 료마는 메이지유신으로 가는 큰길을 닦았음에도 왕정복고 전에 사망했기에 유신 3걸에서는 빠진다.
>
> 삿초동맹 협상을 위해 사이고를 처음 만난 기도는 8.18 정변과 금문의 변에서 사쓰마에 당한 조슈의 원한을 분풀이하듯 한동안 사이고에게 퍼부어댔다. 사이고는 죄인처럼 무릎 꿇고 조슈의 원한을 들으며 사쓰마 대표로서 그간의 일에 공손히 사죄했다. 조슈가 이렇게라도 분을 풀지 않으면 삿초동맹이라는 큰일을 성사시킬 수 없다고 판단했기에 모든 걸 포용했다.

신정부 발족 이후 사무라이들의 불만과 반발이 있었지만 자신들이 믿고 존경하는 사무라이의 표상 사이고가 신정부에 몸담고 있기에 그에게 심리적으로 의지하였고 또 강력한 그의 카리스마에 압도되어 반란을 일으킬 수는 없었다. 결국 사이고 다카모리는 사족에 대한 이런 부채의식을 바탕으로 '마지막 사무라이'로서 그들과 함께 구체제의 찌꺼기를 모두 떠안은 채 도도한 역사의 흐름에 휩쓸려 사라졌다.

그의 인기를 바탕으로 후세에 그를 소재로 한 많은 소설, 드라마 및 영화 등이 제작되었다. 영화로는 세이난 전쟁을 배경으로 한 톰 크루즈 주연의 〈라스트 사무라이〉(2003년 상영)가 유명하지만, 그 내용은 역사적 사실과 많이 동떨어져 있다.

유신 3걸 중 사쓰마가 낳은 두 영웅에 대해 '담력의 사이고, 지혜의 오쿠보', '영웅 사이고, 정치인 오쿠보'로 비교하지만, '사쓰마 사족 정서에 기반한 사이고'와 '근대적 국가 이익이라는 현실에 기반한 오쿠보'의 차이가 두 사람의 운명을 갈랐다고 볼 수 있다.

오쿠보는 전쟁 승리자로서 이후 신정부 내에서 누구도 넘볼 수 없는 압도적인 권력자가 되었다. 하늘 높은 줄 몰랐던 그의 권세도 거기까지였다. 1878년 5월 14일 도쿄에서 오쿠보는 세이난 전쟁에 참여한 사족에게 암살당한다.

세이난 전쟁의 전비 조달은 오롯이 대장경 오쿠마 시게노부가 감당했다. 결국 재정이 취약한 신정부는 불환지폐를 남발할 수밖에 없어 극심한 인플레가 발생했다. 이후 증세 등 강력한 디플레 정책을 상당한 기간 시행하는 바람에 일본 경제가 불황에 빠지는 등 홍역을 앓았다.

그러나 최후의 내전 세이난 전쟁이 수습되면서 오랫동안 산발적으로 신정부를 괴롭히던 사족 출신의 내란이 종식되어 신정부는 정치적 안정을 찾는다.

5. 자유민권운동

조선의 상소제도와 같은 여론 수렴 제도가 전혀 없었던 막부 시대와 차별화하기 위해 신정부는 여론 수렴과 입법 자문 기능을 하는 좌원을 설립해 누구라도 좌원에 상서를 할 수 있게 하였다.

> **신문 산업의 발달**
>
> 신정부에서 신문은 급속히 발전해 여론의 중심으로 부상했다. 독자투고란을 통해 수많은 독자가 애로사항이나 제안을 투고해 신문에 실렸다. 신문사들이 독자 확보와 콘텐츠 경쟁을 벌이다 보니 신문 중에는 좌원과 계약을 맺거나 인맥을 통해 좌원이 접수한 상서 중 이슈가 될 만한 것들을 보도하는 신문사들이 생겼다.

정한론 파동에 밀려 참의를 사직한 도사번 출신의 이타가키 다이스케와 고토 쇼지로는 1874년 1월 사가번 출신의 에토 신페이, 소에지마 다네오미 등과 함께 애국공당을 결성하고 '민선의원 설립 건백서'를 좌원에 상서했다.

정부가 논의하기 전 조용히 잠자고 있었을 건백서의 내용을 한 신문이 대서특필했다. 이를 계기로 국회 설립에 관한 대논쟁이 벌어지며 일본 정계와 여론의 핵심 이슈로 급부상하게 된다. 상서와 신문이 접촉한 순간 일어난 스파크가 엄청난 여론을 폭발시킨 것이다.

건백서의 핵심 내용은 다음과 같다.
"현재의 정권은 위의 황실도 아래의 인민도 아닌, 오로지 삿초 출신의 관료들의 손에 장악되어 있다. 인민에게 참정권을 주고 선거에 의해 선출된 대의사(의원)로 구성된 국회를 열라. 국회를 열어 천하의 세론에 기초한 정치를 시행해 국가의 융성을 도모해야 한다."

이타가키와 고토는 뜨거워진 여론에 힘입어 이후 정치결사체 입지사를 설립해 민선의원 개설을 목표로 활동했다. 이들의 고향 고치현(구 도사번)에서 입지사가 결성된 것을 계기로 각지에서 정치결사가 조직되었으며, 1875년 전국 연합체 '애국사'가 결성되었다.

자유민권운동이 활성화되자 정부는 여론을 완화하기 위해 1875년 2월 이토와 이노우에의 알선으로 정국을 주도하는 오쿠보가 이타가키 및 기도(대만 정벌에 반대하여 사표를 내고 실각한 상태였음)와 오사카에서 3자 회담을 열었다. 정부는 회의에서 논의된 삼권분립에 기초한 입헌정치 원칙을 반영한 천황의 조서를 내리고, 정부조직 개편을 통해 원로원, 대심원(상등재판소/지방재판소), 지방관회의 등 삼권분립의 모양새를 보여주었다. 그러나 이러한 외양과 달리 정부는 오히려 언론탄압 법규들을 공포하고 자유민권류의 정치 평론과 반정부 언론에 가혹한 탄압을 가했다.

세이난 전쟁이 진압되면서 반정부 운동이 사족의 무력 반항에서 자유민권에 기반을 둔 계몽 및 언론활동으로 탈바꿈하고 1878년 오사카에서 애국사 재건운동이 개최되었다. 이타가키가 동지들과 애국사 재건을 위해 각지의 단체들과 연합을 위해 동분서주하던 중 그간 정국을 주도하던 오쿠보 도시미치가 세이난 전쟁에 참여했던 사족에게 암살되었다. 정부는 자유민권론자들을 유력한 용의자로 보고 탄압과 감시를 더욱 강화했다.

탄압에도 불구하고 자유민권론자들은 애국사 활동을 근간으로 '국회 개설 청원 10만 명 서명운동'에 돌입했고 그 명칭도 국회기성동맹으로 바꾸었다. 1880년 11월 제2회 국회기성동맹 대회를 개최해 기존의 삿초 출신들에 의한 독재정치를 지양하고 국회와 헌법에 의한 입헌정치를 주장했다. 다음 대회에 헌법 초안을 마련해 지참할 것을 결의하여, 이후 민간에서 다양한 헌법안이 만들어지는 계기기 되었다.

1880년 12월 이타가키는 애국사와 국회기성동맹을 통합해 일본 최초의 전국 정당인 자유당을 결성했다. 자유당은 사족과 농민을 중심으로 한 정당으로 프랑스 급진주의의 영향을 받았다. 이타가키가 불붙인 자유민권운동으로 인해 정부와는 별개의 정치활동체 전국 정당이 만들어져 정부의 정책을 비판하고 독재를 견제하는 민주주의와 정당정치를 향한 일본 정치사의 큰 발걸음을 내디딘 것이다.

| (좌)이타가키 다이스케 (우)고토 쇼지로.
정한론으로 실각한 이타가키 다이스케는 재야에서의 정치활동을 통한 자유민권 운동의 기수가 되었다. 정당정치와 민주정치의 선구자로 추앙받아 일본 국회의사당에 동상이 세워져 있다.
고토 쇼지로는 정한론으로 실각한 후 자유민권파 정치인으로 변신했다. 갑신정변 전 도일한 김옥균에게 조선 정부가 필요한 자금의 알선 노력을 보이기도 하였다.

  메이지유신기 일본의 특징은 유신 주도세력은 물론이고 반동세력의 활동까지도 결과적으로 일본의 근대화와 역사 발전에 기여하는 것을 볼 수 있다는 점이다. 진영을 가리지 않고 활약하는 인재들에 의해 거대 담론이 형성되어 역사의 방향이 결정되고, 이들의 활약에 의해 역사 발전은 추동력을 얻게 된다.
  이런 걸 보면 '국운'이라는 것은 그 나라가 인재를 얼마나 많이 확보하고 있느냐에 따라 결정되는 것임에 틀림없으며, 결국 국가의 지도자가 인재의 육성과 유치에 얼마나 많은 노력을 기울이느냐에 달려있다.

6장

♦

메이지 정부의 발전

1. 자유민권운동의 발전

　자유민권운동에 대응하기 위해 정부는 오사카 3자 회담 후 1875년 4월 14일 메이지 천황이 "점차 국가 입헌의 정체를 세운다"라는 입헌정체의 조서를 내린다. 이는 산조 사네토미와 기도 다카요시 등이 제안한 것이었으나 이와쿠라 도모미는 "국체일변의 우려가 있다"고 하여 반대하고 있었다.

　이와쿠라는 자신의 반대에도 천황의 조서가 나온 것에 대해 항의표시로 사표를 제출했다. 사표 반려와 제출이 반복되고 오쿠보 도시미치의 호소 등으로 수개월 후 출근은 했지만 입헌정체로의 전환에 반대하는 마음은 변함이 없었다.

　1878년 실권자 오쿠보가 암살된 정국에서 내무경을 물려받은 이토 히로부미는 대장경 오쿠마 시게노부와 함께 우대신 이와쿠라를 보좌하게 되었다. 세이난 전쟁 중 병사한 기도 다카요시를 비롯해 유신 3걸이 모두 사망했기에 이제 이토를 견제할 세력은 사가번 출신으로 오랜 기간 대장경을 역임한 오쿠마 시게노부 정도 외에는 없었다.

1870년대 후반 국회 개설과 입헌정체를 주장하는 자유민권운동이 크게 일어나자 메이지 신정부는 1879년 12월 각 참의들에게 입헌정체에 관한 각자의 의견서를 다음 해까지 내도록 했다. 대부분의 참의들이 국회 개설과 입헌정체에 소극적이거나 반대했다.

그러나 자유민권운동 확산의 영향과 외국인 및 법률 전문가의 조언을 받은 이와쿠라는 이미 마음이 돌아서 있었다. 즉 자유민권파에 빌미를 주지 않을 정도의 입헌정체를 장기적으로 도입하되, 천황권을 극대화한 헌법과 귀족원이 중의원을 견제하는 양원제 국회를 구상하고 있었다. 당초 입헌정체를 반대했던 이토도 이를 눈치채고 점진적으로 이와쿠라의 구상에 동조하며 일을 추진하려고 했다.

그런데 대장경 오쿠마 시게노부가 참의들 중 가장 늦게 낸 의견서(1881.3)에서 2년 내의 헌법 제정과 국회 개설로 영국과 같은 의원내각제를 시행하자는 충격적 주장으로 자유민권파에 동조하는 바람에 정부 내의 주도세력에 대충격을 주었다. 비록 삿초 출신은 아니지만 정부의 살림을 책임지는 대장경 자리를 오래 지켜온 오쿠마를 험난한 정국을 헤쳐갈 동지이자 버팀목으로 생각했던 이와쿠라, 이토, 이노우에 등 주도세력은 경악할 수밖에 없었다.

이즈음 홋카이도개척사 관유물 헐값 불하사건이 터진다. 그간 신정부는 미개척지 홋카이도의 개척을 위해 홋카이도개척사라는 특별 기구를 신설하고(1869), 사쓰마 출신 구로다 기요타카를 개척사 차관(1874년부터 장관)으로 임명했었다. 이후 10년간 1,400만 엔을 투입했어도 효과가 미미한 데다가 정부가 긴축정책으로 개척사의 사업권과 자산 매각 방침을 정했다. 구로다가 헐값 38만 엔에 동향 출신 사업가 고다이 도모아쓰에게 매각을 추진하였고, 이 사실이 언론 보도로 터지면서 특혜 시비에 휘말려 구로다는 개척사 장관에서 사임했다.

곤혹스러워하는 정부에 대한 비판여론은 비등하고 자유민권파가 그간 주장해왔던 정부 견제를 위한 국회개설운동이 국민들에게 먹히며 급격히 탄력을 받기 시작했다. 궁지에 몰린 정부는 이토의 주도하에 헐값 불하사건의 언론 유출자로 오쿠마 시게노부를 지목해 대장경에서 파면하고, "9년 후에 국회를 개설하겠다"는 천황의 조칙을 발표했다(메이지 14년의 정변, 1881.10). 이후 정국은 조슈 출신의 이토 히로부미가 이끌고 나가게 된다.

| 오쿠마 시게노부
사가번 무사 출신의 정치가, 교육자. 삿초 이외의 지역 출신으로는 처음으로 총리를 역임하고 와세다 대학을 설립했다.

정부가 위기 탈출책으로 다급하게 극약처방을 한 셈인데, 이는 '국회 개설 시기(1890년)를 정부가 약속'했다는 점에서 자유민권운동의 귀중한 성과였다.

정부의 국회 개설 방침이 공표되자 정당이 결성되고, 국민의 지지를 받기 위한 정당들의 노력이 활발해졌다. 정부에서 축출된 오쿠마 시게노부는 입헌개진당을 결성해(1882년) 도시의 신흥자본가와 지식인을 기반으로 영국식 의회정치를 목표로 점진적인 개혁을 주장했다.

1882년 4월 자유당의 이타가키 다이스케가 전국을 순회하며 유세를 벌이던 중 괴한의 습격을 받으며 외친 "이타가키는 죽어도 자유는 죽지 않는다"는 명언은 사람들에게 깊은 인상을 남겼다. 이 피습 사건으로 인해 그의 명성은 더욱 높아지고 자유민권운동의 저변이 크게 확대되었다.

자유민권운동이 정당들에 의해 다시 불붙을 것을 염려한 정부는 갖가지 방법으로 탄압을 가했다. 노골적인 정부의 탄압에 분개한 자유민권운동의 과격파들은 가바산 사건(1884.9), 군마 사건(1884.9), 지치부 사건(1884.10) 등 반정부 실력행사에 들어갔다. 과격파들이 일으킨 이 사건들을 일본에서는 '격화사건'이라 한다.

격화사건이 전국적으로 확산될 기미가 보이자, 과격파들에 의한 폭동 및 혁명화를 우려한 이타가키는 1884년 10월 스스로 자유당을 해산했다. 입헌개진당도 수뇌가 탈당하여 자유민권운동은 국회 개설을 앞둘 때까지 침체기에 들어가게 된다.

2. 헌법 준비와 내각제 창설

　1876년 천황은 원로원 의장에게 헌법 초안의 기초를 명하였다. 이에 따라 원로원은 헌법 기초 작업에 착수하여 1878년, 1880년 2회 헌법안을 만들었으나 일본의 국체에 적합하지 않다는 이유로 채용되지 못했다.

　자유민권파가 주도하는 국회기성동맹 대회에서 국회 개설 및 헌법 제정 운동이 민간에서 일어나고, 메이지 14년의 정변(1881.10)에 따라 1890년까지의 국회 개설과 헌법 제정을 약속하는 조칙이 발표되자 이를 주도한 이토 히로부미는 본격적인 헌법 조사와 연구를 위해 1882년 3월 유럽에 간다. 천황에게서 "입헌제를 채택하고 있는 유럽 각국에 가서 그 정부 또는 석학과 만나 그 조직 및 실제 정세까지 살펴보라"는 칙명을 받은 이토의 장기 유럽행에 관해서 정부 내에서는 물론 언론에서도 정국을 이끌고 있는 그가 굳이 꼭 가야 하는지에 대해 설왕설래가 있었다. -다키이 가즈히로, 〈이토 히로부미 평전〉, AK커뮤니케이션즈, 126-147쪽-

이토는 베를린 대학의 공법학자 루돌프 폰 그나이스트로부터 헌법학을 배우며 의회 권한의 약화, 국왕권과 행정권의 강화를 충고받았으며, 오스트리아 빈 대학의 국가학 교수 로렌츠 폰 슈타인으로부터는 입헌국가의 행동 원리로서 행정의 의의를 배웠다. 특히 "헌정은 행정 행위 없이는 내용이 없고, 행정은 헌정 없이는 아무런 힘이 없다"는 슈타인의 국가학은 의회정치와 행정의 조화를 꾀해야 하는 점에서 헌법 시행 후의 국가 운영에 관한 이토의 눈을 트이게 했다. '철혈 재상'으로 알려진 비스마르크의 조언도 들었는데 그의 지도력으로 유럽에서 지도적 국가로 부상한 독일제국의 헌법이 영국이나 미국 방식보다 일본에 더 적합하다고 이토는 생각을 굳혔다.

1883년 3월 귀국 중 이와쿠라 도모미의 사망 소식을 들은 이토는 귀국 후 참의겸 궁내경으로서 이와쿠라의 역할까지 담당하며 천황의 절대적 신임하에 일본정치의 명실상부한 주도자가 된다. 또 이노우에 고와시에게 특별히 헌법 조사의 후속 작업과 헌법안 초안을 기초하라고 명하여 헌법 준비에도 만전을 기한다.

| 이토 히로부미

이토의 주도로 화족령을 제정하여(1884년), 천황은 화족들에게 공작·후작·백작·자작·남작 등 5단계의 작위를 수여해 세습이 가능하도록 했다(1885년). 이토는 후일 제정될 헌법 준비를 하면서, 민선국회(현

중의원)가 설립되더라도 화족으로 구성될 귀족원(현 참의원)의 견제가 가능한 양원제를 염두에 두고 그 토대를 하나씩 쌓아가고 있었다.

조선에서 일어난 갑신정변의 수습을 위한 청과의 톈진조약을 전권대사로서 체결하고(1885.4) 귀국한 이토는 정부 제도를 개편해 태정관제를 폐지하고 내각제로 전환하였다(1885.12). 내각제라고 하지만 의회의 다수당이 정권을 책임지는 현대판 의원내각제는 아니었다.

총리대신이 내각을 총괄하며, 내각은 외무성, 내무성, 대장성, 육군성, 해군성, 사법성, 문부성, 농상무성, 체신성의 대신들로 구성하고, 별도로 황실 사무를 담당하는 궁내성을 두었다. 황실을 정치에서 분리해 황실의 안정을 유지하기 위해서였다.

천황과 국가의 인감 관리와 천황을 보좌하는 내대신이라는 별도의 한직을 만들어 종전의 태정대신 산조 사네토미를 그 자리에 앉히고, 이토는 자신이 만든 내각제의 1인자가 되었다. 조슈번 하급 무사의 축에도 못 끼었던 이토는 백작 작위와 함께 초대 총리대신과 궁내성대신을 겸하며 정계와 행정부를 좌지우지하는 막강한 위치에 올랐다.

> **내각의 출신 구성**
>
> 이토는 내각을 구성하며 조슈 출신과 사쓰마 출신의 균형 유지에 매우 애를 썼다. 초대 내각의 출신 구성은 다음과 같다.
> 조슈번 출신: 총리대신 이토 히로부미, 외무대신 이노우에 가오루, 내무대신 야마가타 아리토모, 사법대신 야마다 아키요시
> 사쓰마번 출신: 대장대신 마쓰카타 마사요시, 육군대신 오야마 이와오, 해군대신 사이고 주도, 문부대신 모리 아리노리

도사번 출신: 농상무대신 다니 다테키
막부 출신: 체신대신 에노모토 다테아키

  이후 상당 기간에 걸쳐 총리대신은 삿초 출신이 번갈아 가며 차지한다. 특히 이토는 무려 4번에 걸쳐 총리대신을 역임한다. 초대 총리 이토의 후임으로 구로다 기요타카, 야마가타 아리토모, 마쓰가타 마사요시, 이토, 마쓰가타, 이토 순으로 13년간 삿초 출신이 총리를 번갈아 가며 독식했다. 삿초 출신이 아닌 총리대신은 8대 총리 오쿠마 시게노부(사가번 출신)가 처음이다.

  부처 중 강력한 권한을 행사했던 내무대신도 삿초 출신이 번갈아 차지한다. 태정관제하에서의 내무경 시절부터 기산하면 내무대신 자리는 무려 20년(1873~1892)간 삿초가 번갈아가며 독식했다. 이 중 야마가타 아리토모는 4회, 오쿠보와 이토는 3회를 내무대신(또는 내무경)을 역임했다. 삿초 출신이 아닌 첫 내무대신은 소에지마 다네오미(사가번 출신)다.

3. 헌법 제정

　총리대신 재임 중에도 이노우에 고와시를 중심으로 비밀리에 헌법안 준비 상황을 보고받던 이토는 외국인 법률 고문을 참여시켜 1887년 헌법 초안을 완성시킨다. 천황의 자문기관인 추밀원이 1888년 4월 개설되자 이토는 총리를 사임하고 추밀원 의장으로 자리를 옮겨 그간 비밀리에 진행하던 헌법 제정 작업을 공식화하여 본격적으로 진두지휘한다.

> **헌법제정 실무 작업**
>
> 　이노우에 고와시가 헌법 및 황실전범, 이토 미요지가 의원법, 가네코 겐타로가 귀족원 및 중의원 선거법을 담당했으나 모든 실무작업은 이노우에 고와시가 총괄해 총리대신 이토에게 직접 보고하였다.
> 　1881년 메이지14년의 정변을 전후하여 자유민권론자에 의한 각종 사의헌법제정안들이 난무할 때 민권론자들과 헌법제정안 논의를 시도한 적이 있었던 이노우에 고와시는 특히 후쿠자와 유키치를 비롯한 게이오의숙 관계자들과 논의한 후 이들에게 국가 구상의 주도권을 뺏길 위기감을 느낀 적이 있었다. 이후 정부의 헌법 제

정 실무작업은 철저하게 비밀리에 추진되었다.

1887년부터 나쓰시마(현 요코스카시)에 있는 이토의 별장을 활용해 실무자들과 함께 헌법안 심의를 시작해 1889년 1월 심의를 완료하여 천황에게 보고했다.

마침내 1889년 2월 11일 메이지 천황이 당시 총리대신 구로다 기요타카에게 하사하는 형태(흠정헌법)로 대일본제국 헌법(통칭 '제국헌법' 또는 '메이지헌법'으로 불린다)이 공포되었다. 이로써 일본은 동아시아에서 근대적인 헌법을 가진 최초의 입헌국가가 되었으며, 일본 전역은 헌법 반포와 함께 축제 분위기에 빠진다.

조적의 불명예를 안았던 사이고 다카모리가 헌법 반포에 따른 사면으로 정3위에 추증된다. 무시할 수 없었던 그의 국민적 인기, 또 그에 대해 메이지 천황이 지고 있었던 부채 의식의 표현이 아니었을까?

| 제국헌법 반포 약도

> **제국헌법의 구성**
>
> 제국헌법은 총 7장 76조로 구성되어 있는데, 각 장의 제목과 조문 수 및 주요 내용은 다음과 같다.
> 제1장 천황(17조): 천황대권.
> 제2장 신민의 권리와 의무(15조): 병역·납세의 의무, 거주이전, 인신, 언론·출판·집회·결사의 자유, 재판을 받을 권리, 서신의 비밀 보장, 소유권 보장 등.
> 제3장 제국의회(22조): 양원제, 법률제정권, 일사부재의의 원칙, 의사 및 의결 정족수, 중의원 해산, 의원 불체포 특권, 국무대신 및 정부위원의 양원 출석 발언권 등.
> 제4장 국무대신 및 추밀고문(2조): 국무대신의 천황 보필 책임, 추밀고문의 천황 자문에 따른 중요 국무 심의 등.
> 제5장 사법(5조): 사법권은 천황의 이름으로 법률에 의거 재판소가 행사. 재판소와 재판관은 법률에 정함. 재판관의 신분 보장. 대심판결 공개 등.
> 제6장 회계(11조): 조세법률주의, 예산의 의회 승인, 예비비 제도, 예산 의회 미승인 시 전년도 예산 시행 등.
> 제7장 보칙(4조): 헌법 개정 절차, 황실전범 등.

제국헌법은 신민의 자유와 의무, 양원제 국회, 법률에 의한 사법제도, 예산 제도 등 삼권분립에 기초하여 행정부의 권력을 입법부와 사법부가 견제하는 모습의 서구식 근대헌법 체제를 도입한다. 몇몇 조문은 오늘날 우리나라의 헌법 규정에도 비슷한 내용이 있을 정도로 제국헌법은 헌법이라는 용어 자체가 생소했던 많은 아시아 국가들에게 영향을 준 것이 사실이며, 그 당시에는 그만큼 일본이 서구에 근접한 선진국이었음을 보여준다.

그러나 헌법상 주요기관인 3부가 서로 견제는 하지만 천황 아래에 존재하는 것으로 상정하고, 모든 '국민'을 천황의 신하인 '신민'으로 표현한 점 등을 감안할 때 근대적 시민사회를 전제로 하는 완전한 근대 헌법이라고는 볼 수 없다. 오히려 서구에서 시민사회가 형성되기 전 절대왕정 하에서의 왕권신수설을 떠올리는 헌법이기도 하다.

천황에게 신격(신성)과 광범위 통치권을 부여하여 계엄 선포, 사면·감형 및 복권, 선전 및 강화, 조약 체결권, 개헌 발의권 등을 천황만이 가지는 제국헌법의 핵심은 흔히 '천황대권'으로 부르는 절대적인 천황권의 규정으로 다른 근대헌법에서는 볼 수 없는 내용이다.

이와 함께 건국신화 속 태양의 여신 아마테라스 후손으로부터 내려온 만세일계의 천황은 살아있는 신이고, 천황이 다스리는 나라 일본은 신도와 결합된 제정일치의 나라임을 천명한 신정부 초기의 정신도 헌법에 그대로 담았다. 그런 면에서는 서구화와 근대화를 추종하는 메이지유신의 기본방향과는 전혀 어울리지 않는 원시 시대로의 역주행이다.

후일 제2차 세계대전의 패배로 제국헌법은 폐지되지만, 약 60년에 걸친 제국헌법의 영향은 일본인의 정신세계와 일본 사회 곳곳에 잔재로 남아있다. 또한 참모본부와 군령부를 천황 직속으로 두어 군부가 내각의 통제 없이 운용되어 천황 중심의 군국주의로 치달릴 수 있도록 천황대권을 규정한 제국헌법의 허점은 후일 원폭 투하라는 인류 역사의 비극을 초래한 한 원인이라고 볼 수 있다.

4. 국회 개원

　제국헌법에 따라 양원제 국회가 개원된다.
　하원에 해당하는 중의원 선거가 1890년 일본 최초로 실시되어 300명의 국회의원이 선출되었다. 국내 1년 이상 거주자로서 연간 15엔 이상의 국세를 납부한 자에게 선거권을 주었는데 당시 일본 국민의 1% 정도였다.

> **최초의 국회의원 선거 결과**
>
> 　선거 결과 원내 제1당은 이타가키 다이스케가 이끄는 입헌자유당(130석)이었으며, 제2당은 친정부파의 대성회(79석), 제3당은 오쿠마 시게노부가 이끄는 입헌개진당(41석)이었다. 이외에 국민자유당(5석), 무소속(45석)의 의석 분포를 보였다. 친정부파 대성회를 관리 출신들이 많은 '이당'이라고 했으며, 자유민권파가 이끄는 입헌자유당과 입헌개진당 등을 '민당'이라고 표현했다. 개원 국회의 중의원 구성을 보면 민당이 이당을 압도하고 있었다. 지조개정의 오랜 영향으로 농촌에서도 민당의 바람이 거셌다. 요즈음 표현으로 완벽한 여소야대였다.

상원에 해당하는 귀족원(현 참의원)은 이토 히로부미가 주도했으며, 황족의원, 화족의원, 칙임의원으로 구성되었다. 귀족원은 천황을 보호하며 정국을 안정적으로 끌고 가기 위한 일종의 보험이었다.

황족의원은 거의 없었으며, 화족의원 중 공작과 후작은 모두 종신직이었다. 백작, 자작, 남작은 일정 인원을 상호 호선하게 하였으며, 호선된 의원의 임기는 7년이었다.

칙임의원은 공적·학식이 뛰어난 자 또는 대부호 중 내각이 보필하여 천황이 임명했다. 칙임의원의 임기도 종신직이었는데, 고위 관리 출신이 많아 이들이 귀족원의 운영을 주도하였다. 귀족원의 정원에는 제한이 없었다. 개원 시 251명인 귀족원 의원 수는 종신직 영향으로 세월이 흐르며 점차 늘어났다.

1890년 11월 29일 역사적인 국회가 개회함으로써 일본은 입헌군주정의 첫발을 내디디며 근대 민주적 정치 체제로 향하는 길로 나서게 된다. 12월 6일에 행해진 중의원 국회의 시정방침 연설에서 현역 육군 대장의 총리대신 야마가타 아리토모는 '주권선'과 '이익선' 개념을 도입해 조선이 일본의 이익선임을 분명히 하며 군비 증강의 논리로 삼았다.

| 일본 육군의 교황 야마가타 아리토모

"국가가 독립·자립을 지키는 길에는 두 가지가 있다. 첫째는 주권선을 수호하는 일이고, 둘째는 이익선을 보호하는 일이다…. 우리나라 이익선의 초점은 실로 조선에 있다." -국회 개원 연설문, 야마가타 아리토모-

이로써 정한론 파동(1873년) 이후 차근차근 국력을 축적한 일본은 1890년대 군비증강으로 주변국에 영향력을 미치며 노골적으로 제국주의적 색채를 띠기 시작한다.

5. 불평등조약 개정

근대 외교와 조약에 무지한 막부가 서구의 위력 앞에 체결한 미일통상조약을 포함한 안세이 5개국 조약(1858년)과 이후에 막부가 체결한 서구와의 조약들은 영사재판권을 인정하고 관세자주권이 없는 불평등조약이었다.

이러한 불평등성을 자각한 메이지 신정부는 1873년 이와쿠라사절단을 구미에 보내 조약 개정을 시도하지만 실패한다. 이후 불평등조약의 개정은 신정부가 해결해야 할 숙제로 인식해 기회가 될 때마다 개정에 총력을 기울이지만 번번이 실패한다.

불평등 조항을 일거에 다 개정하는 것이 어렵다는 것을 알게 된 정부는 유연한 태도로 바뀌어 장기적인 계획을 세웠다.

외무경 이노우에 가오루는 외국사신과 외교관들을 접대하기 위한 영빈관인 로쿠메이칸(녹명관)을 1883년 준공했다. 로쿠메이칸에

| 이노우에 가오루

서 외교관 및 외국의 고위사절들에게 연회를 베풀며 각종 외교 현안 해결과 조약 개정을 위한 분위기를 조성한 후 서구 열강과 공동으로 조약 개정 회의를 하자고 제안했다.

| 로쿠메이칸 무도회를 묘사한 우키요에 화가 도요하라 치카노부의 '귀현무도약도'(1888).

1886년 5월 모든 조약 상대국의 대표가 도쿄에 모여 1887년 4월까지 일본이 관세자주권 및 개항장의 주권을 회복하는 대신 외국인 거주 및 상거래의 편의를 위해 일본 영토를 전면적으로 개방한다는 신조약안의 기초작업을 마무리했다. 신조약안에는 두 조건이 있었다. 신조약 발효 전까지 일본 정부가 입안하는 신 법규의 내용을 모두 조약 상대국에 제출한다는 것과 일본 정부가 임명한 외국인 재판관이 외국인이 연루된 재판을 담당하는 내용이었다.

조약안이 알려지자 여론이 들끓기 시작했다. 두 조건을 수용하는 것은 주권 침해라며 여론이 분노하고, 농상무대신이 사직하는 등 내각도 흔들렸다. 해산된 자유당 등을 재건하려는 정치적인 움직임까지 일면서 고토 쇼지로는 정해구락부를 결성한다(1887.10). 언론의 자유·지조의 경감·외교의 만회 등 3대 요구조건을 정부에 촉구한 데 이어 이토 내각의 총사퇴를 요구했다. 내무대신 야마가타는 경찰 비상소집과 보안조례를 발동해 정부 공격에 앞장선 570명의 자유민권론자들을 도쿄에서 추방했다(1887.12).

주요 신문들도 신조약안을 격렬히 비판하고 조약 개정에 반대하는 수천 명의 청년들이 도쿄에서 데모하며 대거 관청에 몰려갔다. 사법대신조차 신조약안을 강행하면 민심 폭발로 내각이 붕괴될 우려가 있다며 반대했다. 이토 내각이 조약개정안 파기에 내몰리며 결국 외무대신 이노우에 가오루가 사임했다(1887.9).

후임 외무대신 오쿠마 시게노부는 1889년 서구와의 교섭 끝에 이노우에안보다 진전된 조약개정안을 도출했지만 정부 내의 엇갈린 평가와 함께 시민들의 강력한 반대에 직면하게 된다. 완전한 평등조약으로의 개정을 촉구하는 건백서가 전국에서 쇄도하며 여론이 들끓는 가운데, 1889년 10월 극우단체 현양사의 조직원이 오쿠마에게 폭탄을 투척하고 할복하는 사건이 발생했다. 오쿠마는 한 다리를 잃는 중상을 입고 겨우 목숨을 건졌다. 정부는 조약개정안을 파기하고 구로다 내각은 총사퇴했다.

조약 개정 노력은 1892년 포르투갈로부터 영사재판권을 포기 받으면서 하나씩 실현되기 시작했다. 러시아의 남하를 우려한 영국의 대외

정책을 잘 활용해 외무대신 무쓰 무네미쓰가 영일통상항해조약을 새로 체결하며(1894년) 영국의 영사재판권 포기로 불평등조약 개정은 본격화되었다.

| 무쓰 무네미쓰
패권국가 영국에는 철저히 밀착하고 청나라에는 강경 노선을 취하는 외교 전략을 군부와 공동으로 수행한 당시 일본 정부의 외교정책을 '무쓰 외교'라 불렀다. 무쓰 외교의 성공으로 일본은 청일전쟁에서 승리하고 이후 조선에 큰 영향을 끼치게 된다. *무쓰와 무쓰 외교의 실체에 관하여는 졸저 <일본의 근대사 왜곡은 언제 시작되는가> 150쪽 이하 참조.

그러나 관세자주권까지 확보하는 평등조약의 실현은 1911년 새로 체결한 미일통상조약 이후에야 실현된다. 조약의 불평등성 해소에 무려 50년 이상의 세월이 걸린 것이다.

6. 교육제도와 징병제의 정착

1) 교육제도의 정착

　교육도 국민의 의무라는 정부와 지식인들의 계몽운동 등의 영향으로 취학 아동을 학교에 보내지 않는 소극적 저항을 하던 농민들도 정부의 정책에 부응하며 취학률은 점차 높아진다. 1880년대에는 취학률이 전국적으로 50%를 넘어서고 1895년에는 60%를 넘어선다.

　메이지 정부는 1886년 학교령 체계를 종합 정리하여(소학교령·중학교령·사범학교령·제국대학령 공포) 초등교육 4년을 의무화했다. 또 1890년에는 이노우에 고와시가 기안한 교육칙어를 야마가타 아리토모 내각이 공표하여 도덕과 충효 중심의 교육이념을 확립하며 바람직한 일본인상을 정부가 표준화하였다.

> "짐이 생각건대 우리 황조·황종께서 나라를 여심이 넓고 덕을 세우심이 심후하였다. 우리 신민이 능히 충성을 다하고 효를 다하여 억만의 백성이 마음을 하나로 모아 대대로 그 아

름다움을 이룩해 온 것은 곧 우리 국체의 정화로서 교육의 근원 또한 여기에 있다.

너희 신민은 부모에게 효도하고, 형제 사이에 우애하며, 부부가 서로 화합하고, 벗과 서로 믿으며, 공손하고 검소하여 스스로를 지키고, 널리 사랑을 여러 사람에게 미치며, 학문을 닦고 직업을 익혀, 지능을 계발하고 덕을 성취하며, 나아가 공익을 넓히고 세상사를 열며, 늘 국헌을 무겁게 여기고 국법을 준수하며, 일단 국가의 유사시에는 의롭고 용감하게 나라에 봉사함으로써 천양무궁한 황운을 돕고 받들지니라. 이를 행함은 오직 짐의 충량한 신민이 될 뿐만 아니라 또 너희 조상의 유풍을 현창하기에도 족하다.

이 길은 우리 황조·황종의 유훈으로서 자손과 신민이 함께 준수해야 할 바이다. 이를 고금에 걸쳐 시행하여 그릇됨이 없고, 이를 안과 밖에 베풀어 모순됨이 없다. 짐은 너희 신민과 함께 늘 삼가 가슴에 새겨, 모두 그 덕을 하나로 하기를 바란다. 1890년 10월 30일"

이후 교육칙어는 명절과 학교의 각종 행사 시에 엄숙히 낭독되었으며, 학생들은 암기까지 하였다. 제2차 세계대전에서 패배한 이후 연합군 최고사령부는 교육칙어를 교육의 근본 규범으로 삼는 것을 금지하였다.

1900년 소학교령이 대개정되어 의무교육을 무상화하며 실효성을 높이자 취학률이 비로소 80%를 넘어서며 메이지 정부의 신교육 정책은 안정화 단계에 들어간다.

2) 징병제의 정착

징병제는 점차 강화되어 간다.

1883년 대인제(거액 납부로 병역을 대체하는 제도)를 폐지하고, 1888년에는 그간 유지되었던 진대를 폐지, 사단제로 변경하여 전시 대외작전형 편제를 확립했다.

1889년 헌법 체제하에서 국민개병 원칙을 강화하여 징집 유예나 면제 조건을 강화했고, 1894년 청일전쟁이 발발하며 전시 동원체제가 확립되고 징병제 정착은 가속화된다.

언제인가부터 일본인들은 사무라이가 지배하던 지난 수백 년의 기억을 모두 잊어버렸다. 불과 2~30년 전까지 쇼군이 수백 년간 지배해 온 나라라는 역사적 사실마저도 건국신화로부터 연원한 아주 오래된 천황의 나라로 대체되었다. 신의 후손 천황이 만세일계로 지배하는 나라의 일원임을 자랑스럽게 생각하고, 의무교육과 징집 입대는 영광스런 신민의 의무임을 당연시하며 일본 전체가 천황제 절대주의에 빠졌다.

후기

"연전연승하는 청일전쟁 소식에 일본 열도는 흥분의 도가니가 지속된다. 정부와 언론은 승전 소식을 대대적으로 홍보하고, 신문보도나 극장 환등기를 통한 사진으로 전투와 승전 장면들을 볼 때마다 국민들은 환호하고 기뻐 날뛰었다. …전리품은 더욱 황홀했다. …전쟁배상금만 3억6천7백만 엔에 달해 이를 어떻게 써야 할지 행복한 고민에 빠졌다. 전쟁 직전 일본 정부의 1년 세입 예산이 1억 1,000만 엔이었으니 파격적인 배상금이었고 이는 대부분 군비 확장에 사용된다. 결국, 천황과 군부가 주도한 청일전쟁에서 예상외의 잭팟을 터뜨리자 일본은 어떤 이견도 없이 천황제 절대주의와 군국주의로 치달리게 된다." -졸저 〈한일 근대인물 기행〉 284~285 참조-

메이지유신이라는 일본 근대사의 화려함 속에는 '어둠'의 씨앗이 뿌려져 있었다. 건국신화와 연계한 과도한 천황신격화, 삿초 주도의 정치인들과 군사지도자들의 경쟁적 파벌, 내각의 통제를 받지 않는 군부 등이 대표적이다. '어둠'으로 표현된 이러한 비정상적 요소들을 유신 주도세력은 적극 활용해 세계사적으로도 유례가 드물게 봉건 체제에서 근대 체제로 퀀텀점프한 '위로부터의 혁명' 즉, 메이지유신을 단기간에 이룩했다.

　청일전쟁과 러일전쟁의 승리는 '어둠'을 발아시키고 성장시키는 중요한 환경을 조성했다. 전쟁 전 제1차 야마가타 내각(1889~1891)이 들어설 때부터 군국화의 조짐은 보였다. 현역 육군 중장으로 총리가 된 야마가타 아리토모는 총리 재임 중 대장으로 승진하고, 내각의 절반 이상이 군 장성 출신이었다. 또 그의 주도로 천황에 대한 충성을 강조하는 국가주의적 교육칙어가 반포되었다.

　제2차 야마가타 내각(1898~1900) 때 도입된 군부대신 현역무관제(육·해군대신을 현역 장성으로 임명하는 제도)로 인해 군부의 내각에 대한 입김은 한층 강해졌다. 제2차 사이온지 내각(1911~1912)이 재정상의 이유로 육군의 사단 증설 요청을 거부하자, 육군대신이 사직하고 육군이 후임자 추천을 거부하여 내각이 총사퇴하는 등 군부가 현역무관제를 악용하여 내각을 사퇴 또는 불성립시킨 사례가 1940년까지 3차례나 되었다.

　무엇이든지 과하면 부족함만 못한 법이다. 주변국과의 전쟁에서 승리한 일본은 누구 한 사람의 이견도 없이 모두 천황신격화, 군국주의와 국수주의의 광풍에 휩쓸리게 되었다. 결국 후일 제2차 세계대전 패망이라는 국가의 처절한 비극을 겪고서야 일본인들은 환각에서 깨어나게 된다.

 일본이 너무 나아간 끝에 '어둠'이 지배하여 극에 달한 위의 시기를 제외하면-왕정복고 후 청일전쟁 전까지-, 메이지유신이라는 일본 근대사는 우리에게 화려하고 부럽기도 하지만 어떻게 하면 국가가 흥하는지 보여주는 살아있는 역사 교과서다.

 저자가 메이지유신을 공부하며 인상 깊었던 장면들을 몇 개 되살려 보면 다음과 같다.

◎ 메이지 신정부 발족 후 내란(보신전쟁)까지 겪었지만, 신정부는 반군 지도자들(쇼군 요시노부, 막부군 측에 섰던 다이묘 등)을 처형하지 않고 포용했다.
  - 신정부의 기본 방침인 천황의 5개조 서문을 내외에 천명한 후 후일 반군 다이묘들에게까지 일일이 추가 서명을 받았다(174쪽 참조).
  - 반군의 수장 쇼군 요시노부는 시즈오카(석고 70만 석)에 이봉되

었다. 화족령 제정 시(1884) 메이지유신 최고의 공신인 시마즈 가문, 모리 가문과 함께 도쿠가와 가문으로서 공작에 서임되었다 (전통적 5공경 가문과 함께 화족령 초기의 공작 11가문에 포함).
- 반군에 속했던 다이묘들은 영지 감축과 이봉, 가택 연금 등 행정적 처벌은 받았지만, 사형, 징역 등 사법적 처벌은 받지 않았다. 행정적 처벌을 받은 다이묘라 하더라도 후일 대부분 자작, 남작 등 작위를 서임받았다.
- 가쓰 가이슈, 에노모토 다케아키, 시부사와 에이치 등 막부의 고위 관리 또는 쇼군의 주요 참모였지만 능력이 뛰어난 인재들에게는 중요 직책을 맡겨 신정부 건설에 동참케 하였다.

◎ 막부 말기의 다이묘와 번사들, 또 왕정복고 이후의 유신 주도세력은 서구에 대한 정보 동향 입수와 서구문물 배우기에 진심이었다. 막부는 물론 토막을 기치로 내건 반막부 다이묘와 번사들조차 경쟁적으로 수행한 서구문물 배우기는 결과적으로 일본 전체의 근대화 시간을 단축시키는 효과를 보였다.
- 기회만 되면 사절단과 유학생을 보낸 막부의 현명함, 삿초 지도

자들의 서구 정보와 문물에 대한 갈증이 그리 컸는지 당시의 조선과 비교하며 놀랄 수밖에 없다(118~130쪽 참조).
- 메이지 신정부가 구성된 지 얼마 안 되어 정계의 핵심 지도자와 실세들이 절반가량 포함된 이와쿠라 사절단을 서구에 2년간 연수시킨 것을 보면 당시 일본 지도자들이 새로운 근대국가 만들기에 얼마나 혈안이 되었는지 잘 알 수 있다(188~191쪽 참조).

◎ 토막(막부 타도)과 메이지유신의 과정을 들여다보면, 목숨을 건 젊은 인재들의 열정이 결국 세상을 변혁시켰다고 볼 수 있다.
- 토막 과정에서는 '존왕양이'(나중 '양이'는 빠지고 '존왕'만 남음) 이념으로 똘똘 뭉친 젊은 지사들이 목숨을 걸고 막부 타도의 주축세력이 되었다.
- 메이지유신의 과정 중 정치체제를 바꾼 것은 삿초 위주의 유신 주도세력이었지만, 인프라 등 사회 저변을 세부적으로 근대화시킨 것은 막부에서 보냈거나 각 번에서 보냈거나를 가리지 않고 철도, 통신, 건축, 화폐, 공학 등 해당 전문 분야를 유학하고 돌아온 인재들이었다.

- 이삼평과 이노 타다타카의 사례를 보면 에도막부 시대부터 일본은 과학자, 기술자를 우대하는 풍토가 강한 것을 알 수 있다. 이삼평이 조선에 있었다면 미천한 장인의 일원에 불과했을 것이다. 번주가 이삼평을 지배층인 사무라이로 대우하고, 죽어서는 신으로 모실 정도가 되니 아리타야키가 태동했고, 당시의 첨단산업으로 발전해 메이지 신정부 시대까지도 주요 수출산업이 될 수 있었다.
- 메이지 신정부에서 실각해 재야에서 자유민권운동을 벌인 세력까지도 반정부 활동이라는 오랜 낙인에서 벗어나 국회 개원이라는 일본 정치사의 한 획을 만들고, 제헌국회의 제1당이 된다.

약 150년 전 일본을 신흥강대국으로 이끈 메이지유신이 주는 역사적 교훈을 생각할 때, 대한민국이 흥하고 우리 후손들에게 부끄럽지 않으려면 오늘 우리는 무엇을 해야 하고, 무엇을 하지 말아야 할지 되돌아보지 않을 수 없다.

연표

연 도	일 본	조 선
1853.	페리 함대 내항	전국에 아사자 속출
1854.	미일화친조약(가나가와 조약)	
1855.		기근·전염병 전국 확산
1858.	미일수호통상조약 시마즈 나리아키라 사망	
1859.	요코하마 개항 요시다 쇼인 처형	
1860.	사쿠라다문 밖의 변	최제우 동학 창시
1862.	히사미쓰의 솔병상경 분큐유럽파견사절단 런던각서 조슈번 파약양이 번론 결정 나마무기 사건	진주 민란 충청, 전라, 경상 각지에 민란 확산
1863.	쇼군, 천황 알현 조슈번 양이 실행 사쓰에이 전쟁 8.18 정변	고종 즉위 / 대원군 집권
1864.	참예회의 개최	러시아가 통상 요구 / 최제우 처형

연 도	일 본	조 선
	금문의 변	
	4개국 연합함대 조슈 포격	
	가쓰와 사이고의 첫 대면	
	막부의 제1차 조슈 정벌전	
	코잔지 거병(회천의거)	비변사 폐지 / 의정부로 합병
1865.	사쓰마 19인 영국 유학 출발	청주 만동묘 철폐
	쇼군의 조슈정벌 포고	경복궁 중건 시작
	료마 알선으로 조슈번 무기 구입	
	4개국 대표 효고항 집결	
	통상조약 칙허(효고항 개항 취소)	러시아 국서 경흥부에 전달
1866.	삿초동맹 맹약	
	도사번 개성관 설립	병인박해
	막부, 제2차 조슈 정벌전 개시	명성왕후 민비 책봉
	쇼군 이에모치 사망	제너럴셔먼호 사건
	요시노부 15대 쇼군 취임	척사윤음 반포
		병인양요
1867.	메이지 천황 취임	
	사후회의 / 효고항 개항 칙허	경복궁 완공
	사카모토 료마의 선중팔책	
	대정봉환 / 토막 밀칙	
	왕정복고 쿠데타	
1868.	도바·후시미 전투	

연 도	일 본	조 선
	5개조 서문 반포 / 가쓰와 사이고 회담	오페르트, 남연군 묘 도굴
	에도 개성	일본사절 국서접수 위해 왜관 도착
	도쿠가와 가문 슨푸로 이봉	
1869.	4개번 시범적 판적봉환	일본 서계 접수 거부
	보신전쟁 종료	일본 외무성 관리 왜관 잠입
	판적봉환 칙령 / 제무변혁령	
1870.	삿초 주도 정부 방침	일본 외무성의 국서수리 요청에 거부
	사이고 어친병 창설 제안	
1871.	어친병 8천 명 도쿄에서 창설	서원 철폐
	삿초 권력 등장	신미양요
	폐번치현 / 청일수호조규 체결	
	4개번 주도 체제 갖춤	
	지방 부 현의 태정관 예속	
	이와쿠라 사절단 출발	
1872.	천황, 지방 순행 시작	
	학제·징병령 공표 / 국립은행조례 제정	
1873.	태양력 실시	
	지조개정법 공표 / 제1 국립은행 개업	
	메이지 6년의 정변(정한론 파동)	최익현의 대원군 탄핵 상소
	가록봉환 접수	흥선대원군 하야 / 고종 친정
1874.	민선의원 설립 건백서 제출	만동묘 복설
	사가의 난	

연도	일본	조선
	메이로쿠 잡지 창간	
1875.		운요호 사건
	오사카 3자 회담(오쿠보, 기도, 이타가키)	
1876.	조선과 강화도조약 체결	강화도조약 / 최익현 지부복궐 상소
	강제적 금록공채증서 발행 방침	수신사 김기수 방일
1877.	세이난 전쟁 발발	
1878.	오쿠보 도시미치 피살	일본제일은행 부산지점 설치
	세이난 전쟁 진압	부산세관 설치
1880.	자유당 결성(이타가키 다이스케)	일본공사관 설치 / 수신사 김홍집 방일
1881.	메이지 14년의 정변(9년 후 국회 개원)	조사시찰단 방일
1882.	군인칙유 공포	조미, 조영, 조독 수호조약 체결
	헌법 조사차 이토 유럽행	임오군란
	이타가키 다이스케 피습	통리기무아문 신설
1884.	화족령 제정	조러수호통상조약 체결
	자유당 해산	갑신정변
1885.	내각제 실시, 이토 총리 취임	영국, 거문도 점령 / 대원군 귀국
1886.	학교령 정비	육영공원 설립
1887.	자유민권론자 570명 도쿄 추방	정동교회, 새문안교회 창설
1888.	이토 추밀원 초대 의장 취임	
1889.	제국헌법 반포	화폐 남발 물가 폭등, 주전소 폐지
1890.	교육칙어 공포	알렌, 미국공사대리 부임
	일본 국회 개원	

참고 문헌

가루베 다다시·가카오카 류, 고희탁·박홍규·송완범옮김, 〈교양으로 읽는 일본사상사〉, 논형, 2010.
가쓰타 마사하루, 김용범 옮김, 〈폐번치현〉, 교유서가, 2024.
김기수, 구지현 옮김, 〈일동기유〉, 보고사, 2018.
김동한, 〈19세기 말의 동아시아와 김홍집〉, 좋은당, 2019.
김시덕, 〈일본인 이야기〉 1~2, 메디치미디어, 2019.
김희영, 〈궁금해서 밤새 읽는 일본사〉, 청아출판사, 2019.
김희영, 〈이야기 일본사〉, 청아출판사, 2018.
나가타 아키후미, 김혜정 옮김, 〈세계사 속 근대 한일관계〉, 일조각, 2017.
나이토 아키라, 이용화 옮김, 〈에도의 도쿄〉, 논형, 2019.
다키이 가즈히로, 장원철 김세덕 옮김, 〈이토 히로부미 평전〉, AK커뮤니케이션즈, 2025.
마리우스 잰슨, 손일 옮김, 〈사카모토 료마와 메이지유신〉, 푸른길, 2014.
무쓰 무네미쓰, 김승일 역, 〈건건록〉, 범우사, 1994.
박경민, 〈한일 근대인물 기행〉, 밥북, 2022.
박경민, 〈일본의 근대사 왜곡은 언제 시작되는가〉, 밥북, 2023.
박훈, 〈메이지유신은 어떻게 가능했는가〉, 민음사, 2019.
박훈, 〈박훈의 일본사 이야기〉, 서울경제신문, 2019.12.18.~2020.5.27.
사에키 신이치, 김현경 옮김, 〈무의 나라, 일본〉, 마르코폴로, 2024
성정현, 〈알기 쉬운 근현대 한일관계사〉, 실크로드, 2020.
성희엽, 〈조용한 혁명〉, 소명출판, 2015
손승철, 〈메이지유신을 걷다〉, 역사인, 2025.
손일, 〈사쓰마와 시마즈 히사미쓰〉, 푸른길, 2023.
신명호, 〈신명호의 근대 동북아 삼국지〉, 월간중앙 2017년 1월호~2018년 12월호.
신상목, 〈학교에서 가르쳐주지 않는 일본사〉, 뿌리와이파리, 2020.

신현암, 〈시부사와 에이치 일본 자본주의의 설계자〉, 흐름출판, 2024.

심기재, 〈기도 다카요시와 보신전쟁〉, 혜안, 2024.

안상윤, 〈고종과 메이지〉, 휴먼필드, 2019.

야마구치 게이지, 김현영 옮김, 〈일본 근세의 쇄국과 개국〉, 혜안, 2001.

야마모토 히로후미, 이원우 옮김, 〈할복〉, 논형, 2013.

앤드루 고든, 문현숙·김우영 옮김, 〈현대일본의 역사〉 1~2, 이산 2019.

에이미 스탠리, 유강은 옮김, 〈에도로 가는 길〉, 생각의힘, 2023.

와카모리 타로, 이세연·송완범·정유경 옮김, 〈술로 풀어보는 일본사〉, 이상, 2017.

이동연, 〈사상사로 본 중국왕조사〉, 창해, 2023.

이마타니 아키라, 이근우 옮김, 〈무가와 천황〉, AK, 2022

이시이 다카시, 김영작 옮김, 〈메이지유신의 무대 뒤〉, 일조각, 2008

장인성, 〈메이지유신 현대 일본의 출발점〉, 살림출판, 2007

조경달, 최덕수 옮김, 〈근대 조선과 일본〉, 열린책들, 2017.

조용준, 〈메이지유신이 조선에 묻다〉, 도도, 2018.

정일성, 〈후쿠자와 유키치〉, 지식산업사, 2012.

한중일3국공동영가편찬위원회, 〈한중일이 함께 쓴 동아시아 근현대사〉, 휴머니스트, 2014.

함재봉, 〈한국 사람 만들기〉 1~4, H프레스, 2022

황준헌·김홍집, 윤현숙 옮김, 〈조선책략·대청흠사필담〉, 보고사, 2019.

현광호, 〈대한제국과 러시아 그리고 일본〉, 선인, 2007.

호즈미 가즈오, 이용화 옮김, 〈메이지의 도쿄〉, 논형, 2019.

上木嘉郎, 〈西鄕隆盛〉, 高城書房, 2008.

毛利博物館, 〈幕末の 英君 毛利敬親〉, 毛利博物館, 2012.

인명 찾아보기

인명	페이지 번호
가네코 겐타로 金子堅太郎	191,260
가모노 마부치 賀茂眞淵	51
가쓰 가이슈 勝海舟	65,147,148,154,230,277
가토 기요마사 加藤淸正	23,30
강항 姜沆	47
고노에 타다후사 近衛忠房	103,158
고니시 유키나가 小西行長	27,30,39
고다이 도모아쓰 五代友厚	128,129,217,254
고마쓰 다테와키 小松帶刀	149,159
고메이 천황 孝明天皇	68,75
고바야카와 다카카게 小早川隆景	84
고바야카와 히데아키 小早川秀秋	25
고종 高宗	224
고토 쇼지로 後藤象二郞	161,162,171,178,212,246,247,269
곤도 이사미 近藤勇	135
구로다 기요타카 黑田淸隆	233,234,253,259,261
구마자와 반잔 熊澤蕃山	48

인명	페이지 번호
구사카 겐즈이 久坂玄瑞	87,100,117,135,137
글로버 Thomas Blake Glover	152,153,217
기도 다카요시 木戶孝允	59,87,100,135,144,149,167,181,182,183, 188,189,190,199,247,252
김기수 金綺秀	66
김정호 金正浩	51
깃카와 모토하루 吉川元春	84
깃카와 히로이에 吉川廣家	25,27
나가이 우타 長井雅樂	99,110
나베시마 나오시게 鍋島直茂	206
나카에 도주 中江藤樹	48
니시 아마네 西周	121,219,
다니 다테키 谷干城	243,259
다카스기 신사쿠 高杉晉作	87,88,111,112,138,139,140,141,142,143,146, 149,154,155,156,163
다테 무네나리 伊達宗城	221
단 다쿠마 團琢磨	191
데라시마 무네노리 寺島宗則	129
도요토미 히데요시 豐臣秀吉	22,23,28,32,45,239
도요토미 히데요리 豐臣秀賴	22
도쿠가와 나리아키 德川齊昭	60,61,64,77,93,186

인명	페이지 번호
도쿠가와 요시노부 德川慶喜	61,71,73,94,104,107,158,159,162,166, 170,214,215,227,228,229,231,276
도쿠가와 요시무네 德川吉宗	49,53
도쿠가와 이에모치 德川家茂	71,72,94,99,109,167
도쿠가와 이에사다 德川家定	59,71,93
도쿠가와 이에야스 德川家康	18,22,23,24,25,29,30,32,37,47,53
도쿠가와 히데타다 德川秀忠	18,53
로렌츠 폰 스타인 Lorenz von Stein	257
루돌프 폰 그나이스트 Heinrich Rudolf Hermann Friedrich von Gneist	257
마쓰다이라 가타모리 松平容保	107,135
마쓰다이라 요시나가(또는 슌가쿠) 松平慶永(또는 春嶽)	90,95,103,104, 105,107,108,170
마쓰카타 마사요시 松方正義	195,258,259
마에다 도시이에 前田利家	22,23
마키노 노부아키 牧野伸顯	191
메이지 천황 明治天皇	155,173,187,203
모리 다카모토 毛利隆元	84
모리 다카치카 毛利慶親	85,95,99,108,112,123,178,179,181
모리 데루모토 毛利輝元	22,24,27,28,84
모리 모토나리 毛利元就	27,84
모리 아리노리 森有禮	129,219,258

인명	페이지 번호
모토오리 노리나가 本居宣長	51
무쓰 무네미쓰 陸奧宗光	195,270
미나모토노 요리토모 源賴朝	32
미노무라 리자에몬 三野村利左衛門	210,215
미쓰이 다카토시 三井高利	209
사이고 다카모리 西鄕隆盛	91,92,101,135,138,148,149,159,167,170, 181, 182,227,230,239,240,241,242,243,244,245,261
사이고 주도 西鄕從道	182,258
사카모토 료마 坂本龍馬	59,146,147,149,150,151,154,155,160,161,162, 212
사쿠마 쇼잔 佐久間象山	48,86,147
사토 이사이 佐藤一齋	48
산조 사네토미 三條實美	117,139,141,178,181,183,185,189,194,202, 252, 258
소에지마 다네오미 副島種臣	231,246
손정의 孫正義	147
쇼다 헤이고로 莊田平五郎	214
스기타 겐파쿠 杉田玄白	49
스미토모 마사토모 住友政友	211
스미토모 도모모치 住友友以	211
스미토모 도모요시 住友友芳	211
스후 마사노스케 周布政之助	88,111,138

인명	페이지 번호
시마즈 나리아키라 島津齊彬	90,91,92,93,98,127,241
시마즈 요시히로 島津義弘	29
시마즈 요시히사 島津義久	29
시마즈 시게히데 島津重豪	91
시마즈 히사미쓰 島津久光	91,94,100,103,104,105,106,116,127,128,159, 181,217
시부사와 에이치 澁澤榮一	210,214,215,216,277
쓰다 우메코 津田梅子	191
아라이 하쿠세키 新井白石	47
아베 마사히로 阿部正弘	59,64,65,91
아이자와 야스시 會澤安	54,60,85
야마가타 아리토모 山縣有朋	87,125,139,142,145,154,159,182,193,231, 243,244,258,259,265,275
야마구치 마스카 山口上芳	189
야마다 아키오시 山田顯義	258
야마오 요조 山尾庸三	123,124
야마우치 도요시게(또는 요도공) 山內豊信(또는 容堂)	93,159,160,169,170
야마자키 안사이 山崎闇齋	47
에노모토 다케아키 榎本武揚	121,229,231,232,233,234,259,277
에토 신페이 江藤新平	231,246
엔도 긴스케 遠藤謹助	124

인명	페이지 번호
오규 소라이 荻生徂徠	47
오다 노부나가 織田信長	19,32,45
오료 お龍	150
오무라 마스지로 大村益次郎	126,144,145,154,193,231
오쓰기 겐타쿠 大槻玄澤	49
오야마 이와오 大山巖	182,258
오우노 おうの 谷梅處	156
오우치 요시나가 大內義長	140
오쿠마 시게노부 大隈重信	160,199,207,215,231,245,252,253,254,255,264,269
오쿠보 도시미치 大久保利通	91,92,148,167,181,182,183,188,189,190,196,202,203,208,213,245,247,248,252
올콕 John Rutherford Alcock	119,120,125
요시다 쇼인 吉田松陰	59,77,85,86,87,88,89
요코이 쇼난 橫井小楠	48
우에스기 가게카쓰 上杉景勝	24,27
우키다 히데이에 宇喜多秀家	22
이노우에 가오루 井上馨	123,124,125,126,138,152,182,195,199,215,253,258,267,269
이노우에 고와시 井上毅	260
이노우에 마사루 井上勝	124,204
이노 타다타카 伊能忠敬	50,279

인명	페이지 번호
이삼평 李參平	206,207,279
이시다 미쓰나리 石田三成	22,23,24,25,27
이와사키 야타로 岩崎弥太郎	212,213,214
이와쿠라 도모미 岩倉具視	101,167,168,181,183,188,189,237, 238,252,253,257
이원범(철종) 李元範(哲宗)	96
이이 나오스케 井伊直弼	61,71,72,73,74,76,77,78,79,88,157
이타가키 다이스케 板垣退助	246,247,248,249,255,264
이토 미요지 伊東已代治	260
이토 히로부미 伊藤博文	87,123,124,125,126,141,149,152,183,188,189, 199,253,254,256,257,258,259,260,261,265
이토 진사이 伊藤仁齋	47
이홍장 李鴻章	221,222
존 만지로 John 万次郎	92,93,122,127
진구 황후 神功皇后	52
진무 천황 神武天皇	52,169,186,187
최익현 崔益鉉	224
최제우 崔濟愚	130
페리 Matthew Calbraith Perry	58,59,62,86
프란치스코 하비에르(또는 사비에르) Francisco Javier	37
하야시 라잔 林羅山	47

인명	페이지 번호
해리스 Townsend Harris	68,69
훗타 마사요시 堀田正睦	64,65,69,70,71,74
후지와라 세이카 藤原惺窩	47
후쿠자와 유키치 福澤諭吉	122,171,219,220
흥선대원군 興宣大院君	163,224
히라타 아쓰타네 平田篤胤	51
히로세 사이헤이 廣瀨宰平	212

일본의 퀀텀점프 이야기
메이지유신

펴낸날 2025년 12월 5일

지은이 박경민
펴낸이 주계수 | **편집책임** 이슬기 | **꾸민이** 이슬기

펴낸곳 밥북 | **출판등록** 제 2014-000085 호
주소 서울시 마포구 양화로 156 LG팰리스빌딩 917호
전화 02-6925-0370 | **팩스** 02-6925-0380
홈페이지 www.bobbook.co.kr | **이메일** bobbook@hanmail.net

ⓒ 박경민, 2025.
ISBN 979-11-7223-127-9 (03910)

※ 이 책은 저작권법에 따라 보호받는 저작물이므로 무단전재와 복제를 금합니다.